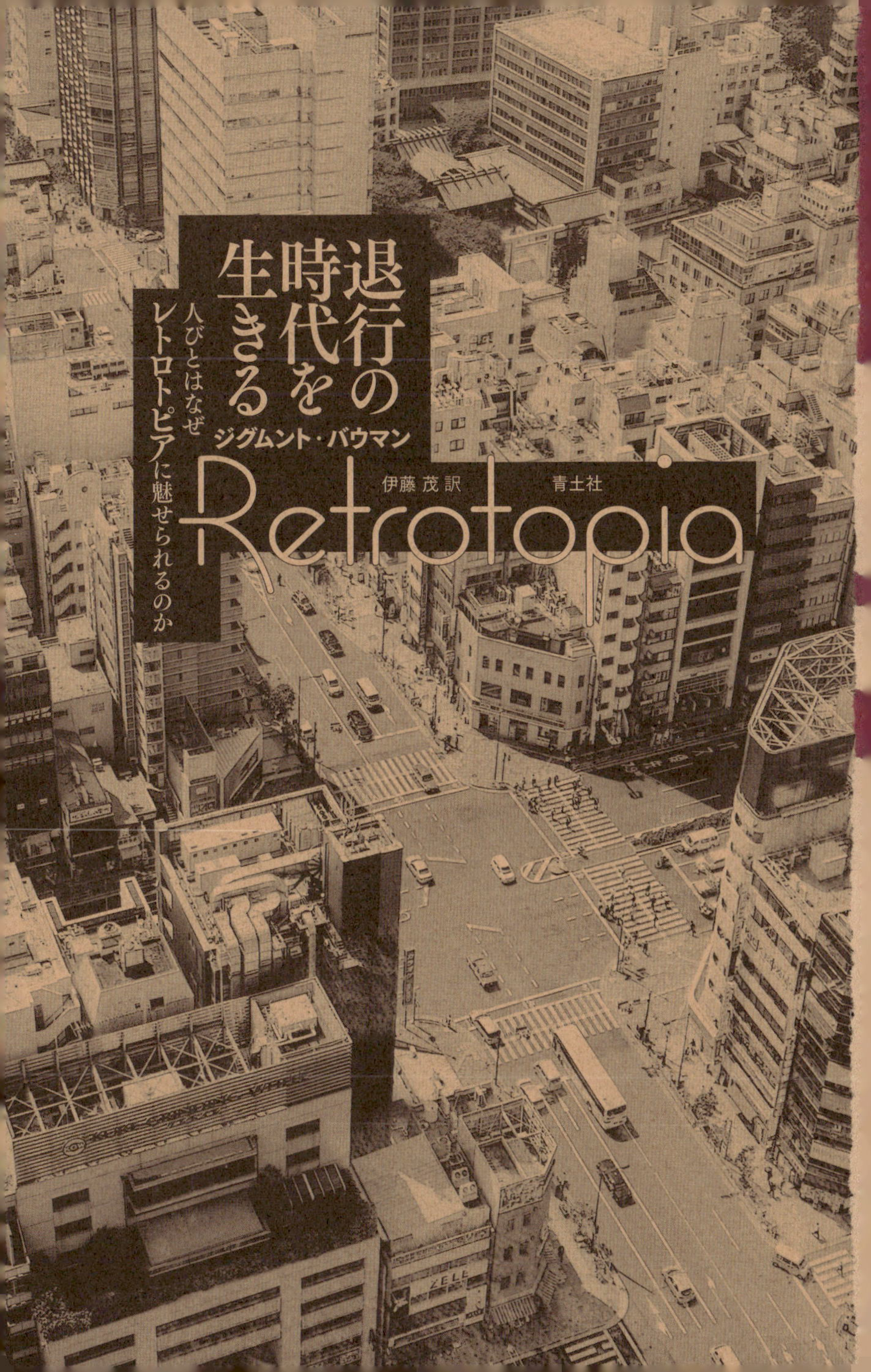

退行の時代を生きる

人びとはなぜレトロトピアに魅せられるのか

ジグムント・バウマン

伊藤茂訳

青土社

Retrotopia

退行の時代を生きる　目次

退行の時代を生きる　人びとはなぜレトロトピアに魅せられるのか

プロローグ――レトロトピアの時代

ヴァルター・ベンヤミンは一九四〇年代初頭に書いた『歴史哲学テーゼ』の中で、画家パウル・クレーの「歴史の天使」（一九二〇年作）に込められたメッセージについて、次のように述べている。

歴史の天使はその顔を過去に向けている。僕らであれば、事件の連鎖を眺めるところに、彼はただカタストローフのみを見る。そのカタストローフは、休みなく廃墟の上に廃墟を積み重ねて、それを彼の鼻先へ突きつけてくるのだ。たぶん彼はそこに滞留して、死者たちを目覚めさせ、破壊されたものを寄せあつめて組み立てたいのだろうが、楽園から吹いてくる強風が彼の翼にはらまれるばかりか、その風の勢いが激しいので、天使はもう翼を閉じることができない。強風は天使を、彼が背中を向けている未来の方へ、不可抗的に運んでゆく。その一方では彼の眼前の廃墟の山が、天に届くばかりに高くなる。僕らが進歩と呼ぶものは、（この）強風なのだ（野村修訳を一部改変）。

ベンヤミンが深くて比類ない洞察力を示してから一世紀後にクレーの絵をじっくり観察してみると、「歴史の天使」の見方が一変するかもしれない。しかし、見るものに大きな衝撃を与えそうなのは、天使が方向を変えつつあることである――歴史の天使はUターンしようとしていて、その顔を過去から未来に向け、その翼は、そう想像され恐れられている未来の地獄から過去の楽園に向かって吹きつける強風によって、後ろに押し戻されている（おそらく、それは方向を失い、廃墟の中に転落してしまった後で想像されているためかもしれない）――その翼は今も一〇〇年前と同じように、非常に強い風に押されているために、「天使はもう翼を閉じることができない」。

この絵の中の過去と未来は、一〇〇年前にクレーが帳簿に記載した（ベンヤミンもそう指摘しているように）善と悪の立場を入れ替えていると結論づけられるかもしれない。今や借り方に記載されるのは未来であり、悪玉に回ることになった未来は、その信頼性と管理能力のなさを公然と非難される立場になった。そして、貸方に記載されようとしているのは過去である――それは、まだ希望が失われていないために、選択と投資の場にふさわしい（本当の場か推定上の場かどうかは別にして）。

ハーヴァード大学のスラブ比較文学教授のスヴェトラーナ・ボイムによれば、(1) ノスタルジアは「喪失と転移の感情であるが、それと同時に自分自身の夢想に対する親密な感情でもある」。一七世紀の段階でノスタルジアは非常に治療しやすい病気とみなされており、たとえばスイスの医師によると、アヘンやヒルや山旅で治せるものだったが、「二一世紀までには一時的な病から癒しがたい近代の病に変わった。二〇世紀は未来派的なユートピアに始まり、ノスタルジアで終わった」。ボイムは今日の「ノスタルジアの世界的な蔓延は、集合的な記憶を持つコミュニティへの憧れと、断片化された世界における継続性への願望」に由来すると結論づけている――そして、この伝染病を「生活のリズムが加速し、歴史が激変する時代における防衛機制」とみなすよう提言している。この「防衛機制」は、基本的に「今日の多くの強力なイデオロギーの核心にある理想の家の再建という約束」に根ざすものであり、「感情的な絆に対する私たちの批判的な思考を放棄させようとする」。そのためボイムは警告を発している。「ノスタルジアの持つ危険性は、それが現実の家と想像上の家を混同しがちな点にある」。最後にボイムは、そうした危険はどこで見つかるか、どこだったら見つかりそうか、次のようなヒントを示している。さまざまな「復古的な」ノスタルジアの中にその危険は存在する、と――「世界中を覆う民族意識とナショナリズムの復活」がその一つの表れであり、「それは、民族的な象徴や神話への回帰という手段によって、そしてときには陰謀論との結託を通じて、反近代の神話形成を行っている」。

ノスタルジアは「どこか他の場所」との親密な関係をめぐる感情の一種に他ならないことを

指摘しておこう。この種の感情は（そして、ボイムが現在の「ノスタルジアの世界的な蔓延」の中に見出したあらゆる誘惑や罠についても）、少なくとも、正確に示すのは困難だが、人間の選択の持つ任意性が明らかになって以降、人間の条件に特有の重要な要素となっている。あるいは、もっと正確に言えば、人間の行動が選択の問題であり、そうあらざるをえないことが明らかになり、（推測というほとんど自然の本能によって）ここと今の世界は無数の可能な世界――過去、現在、未来――の一つにすぎないことが判明してから、そういう感情が広がっている。「ノスタルジアの世界的な蔓延」は歴史というリレー競争において（少しずつだがとめどなくグローバル化する）「進歩に対する熱狂の蔓延」からバトンを引き継ぐことになった。

しかし、この競争は中断されることなく続いている。この競争がその方向、いやその競技場を変える可能性はあっても、それが中断されることはない。カフカは、その内部にある消すことができない永続的な要請を言葉で示そうとした。その要請は私たちに命令を下し、そしておそらくは地獄が凍結するまで命令を下し続けることだろう。

ラッパの音が聞こえたので、どんな意味かと召使いに尋ねてみたが、何も知らないし、何も聞こえなかったという。召使いは門のところで私を引き止め、「だんな様、どこへ行かれるおつもりですか」と尋ねた。「わからん。ただ外に出るだけだ。外へ出ることが、私の目標にたどりつく唯一の道なのだ」と私は答えた。「その目標が何かはご存じなのです

ね」と彼が尋ねるので、「さっきも言った通り、ここから出ること自体が、私の目標なのだ」と答えた。(2)

トアス・モアが楽園への帰還と地上の天国の建設という千年に及ぶ人間の夢を「ユートピア」と名づけてから五〇〇年後、二重否定によって形作られるヘーゲルのもう一つの三幅対《トライアド》〔三つ揃って一組をなすもの〕がもっか完成に近づきつつある。モア以降、トポス（固定した場所、ポリス、都市、主権国家――いずれも賢明で慈悲深い統治者の下にある）と結びついていた人間の幸福の見通しが揺らいで特定のトポスとは結びつかなくなって、個人化された（カタツムリの殻のパターンにならって個人に「下請けに出された」）後、今度はそうした見通しの方が、うまく否定したと思っていたものによって否定されることになった。モア的なユートピアを二重に否定した――再生による否定――ことに伴って、今や「複数のレトロトピア」が出現しつつある。言い換えると、二世代前の先祖がそうであったように、まだ到来していないがゆえに存在しない未来と結びついて存在していたものに代わって、失われ、盗まれ、投棄されてはいるものの、死んではいない過去の中から複数のヴィジョンが出現しつつあるのだ。

アイルランドの詩人オスカー・ワイルドは、われわれが豊穣の地に到達したら、遠くの水平線にもう一度目を凝らし、ふたたび帆を揚げるはずだと述べている。「進歩とはユートピアの実現である」と彼は語っている。しかし、その遠くの水平線には何も見えず、豊穣の地は霧に包まれている。ユートピアという豊かで安全で健全な世界に意味を付与するという歴史的使命を果たさなければならないときに、われわれはそれを葬ってしまった。それに代わる新たな夢は存在しない。なぜなら、われわれが獲得した世界よりもよい世界など存在しないからだ。事実、豊かな国々のほとんどの親たちが、自分の子供は将来貧しくなると信じている――オーストラリアでは五三％の親が、フランスでは九〇％の親がそう信じている。豊かな国々の親たちは、自分の子供は自分よりも貧しくなるだろうと予想しているのだ。

二〇一六年刊行の『リアリストのためのユートピア *Utopia for Realists*』〔『隷属なき道――ＡＩとの競争に勝つベーシック・インカムと一日三時間労働』、文藝春秋、二〇一七〕でルトガー・ブレグマンはこう述べている。

「進歩」という発想の個人化と、生活向上の追求の個人化は、権力によって推進されたものであり、ほとんどの人々から解放――つまりは社会サービスや国家からの保護を失うのとひきかえに、厳しい従属や規律から解放されるものとして支持された。だが、多くの人々にとって、その解放は手放しで称賛できるものではないと考えられるようになり、今でもその状態は続いている――あるいは賞賛と呪詛がないまぜになった状態にある。わずらわしい制約がなくなった代わりに、法令によって独立独歩の条件を満たさざるをえない、同じように屈辱的で恥ずべきリスクに見舞われることになったのである。かつて貢献することができず、修正することができないことへの恐怖心は適応することで相殺されていたが、そうした恐怖心も今ではさらに苦しい不適応に対する恐怖心に席を譲るようになった。そのかつての恐怖心がしだいに忘れられて新たな恐怖心が勢いを増すにつれて、昇進が降格に、進歩が退歩に取って代わられることになった――少なくとも、そのゲームにあまり乗り気でない多くの人々からは、敗北を運命づけられていると受け止められている。これが一般の人々の感情とメンタリティの振り子をUターンへと促すことになった。言葉を換えれば、不確かで信頼のおけない未来の改善に投資しようとしている一般の人々の気持ちを、おぼろげに記憶されている過去、安定と信頼性の高さが売り物である過去への投資に切り替えさせることになった。そうしたUターンが起こったことで、未来は希望と期待の住処から悪夢の場に変貌した。言い換えると、仕事とそれに付随する社会的地位を失う恐れ、残りの生活物資や「取り戻した」家財と持ち家を失う恐れ、子供たちが豊かな生活から転落するのを見守るしかない恐れ、自分が骨折って身につけたスキルが市場価値を奪われていく恐れに満ちた場に変わったのだ。その結果、未来へと向かう道は堕落と退化への道のりに見えるようになった。おそらく、過去へと回帰する道は、未来が現在に変わるたびに引き起こすダメージを修復する道に変わるチャンスを逃さないであろう。

こうした転換のもたらす衝撃は、私が本書で論じるように、社会のあらゆるレベルで新たな世界観や、その世界観が遠回しに語り、練り上げている生活戦略という形で受け止められている。こうした転換が欧州連合（国家統合を超国家レベルに引き上げる前衛的な実験）に与えそうな衝撃[3]に関するハビエル・ソラナ（元EU共通外交・安全保障政策上級代表）の最新診断は、微調整が必要ではあるが、その他のあらゆるレベルで観察できる過去への回帰についてのX線画像ともいうべき役目を果たしているのかもしれない。結局、使用される言葉はさまざまだが、いずれの場合も非常に似通った物語を伝えようとしている。

ソラナが述べているように「欧州連合には危険なノスタルジアの兆候がみられる。ナショナリズム政党の興隆を促しているのは、EUが国家主権を侵害したとされる以前の『古き良き時代』に対する渇望だけではない。ヨーロッパの指導者らも常々今日の問題に従来の解決策を当てはめようとしている」。さらにソラナは、なぜそうした事態が起きるのかをめぐって、最新の非常に熱烈で耳目を集める自らの議論を引用しながら、次のように説明している――

二〇〇八年の世界金融危機以降、EU域内の弱小国が失業とりわけ若者の失業率の急増に直面したのに対し、豊かな国々は苦境にあえぐ国々を救済することで「連帯感を示す」必要があると考えた。豊かな国々はその救済措置を提案した際、そこに被救済国の経済的な回復を遅らせることになる緊縮策への要求を含めた。それに納得した国は少数であり、多くの国が欧州統合を非難した。

――そうした非難を額面通り受け取るのは致命的な誤りであり、見つかる可能性の高い現在の苦境の唯一の緩和策から私たちの目をそらしてしまうものであると警告しておこう。

多くのヨーロッパ人が感じている経済的な痛みは確かに切実なものだが、その理由についてのナショナリストの説明は間違っている。EUは危機への対策の点で非難の対象になりうるが、二〇〇八年以降の経済的な混乱を駆り立てた責任を世界経済の不均衡に負わせることはできない。この不均衡はもっと広範なグローバリゼーションの反映である。グローバリゼーションに伴う絶望的な経験を、保護主義や、強力な国境に守られた穏やかな時代への回帰の口実にする人々がいる一方、さらなる欧州統合を拒否する理由として、本当は存在したことのない国民国家を物欲しげに呼び起こしたり、国家主権の強化に傾いたりする人々もいる。二つの集団はいずれもヨーロッパ統合の構想に根本的な疑問を投げかけている。しかし、そうした記憶によって事態を解決することは不可能であり、彼らの願望は自らを誤った方向に導いている。

私が「レトロトピア」と呼ぶものは、前述した二番目のレベルの否定、つまりはユートピアの否定の否定に由来するものである。それは、領土的な主権の場、つまりは許容できる程度の安定感や、十分な自信をもたらしてくれて、保証してくれそうな確固たる基盤が定まっている点で、トマス・モアの遺産と共通点がある。しかし、それは、その前任者が行ってくれた各種の貢献や修正を承認し、吸収し、組み込んでいる点で、モアの遺産とは異なっている。つまり、「最終的な完成」という発想を放棄して、代わりに秩序の未完性とその特有のダイナミズムの方をとることで、そうした発想が事前に退け排除してしまった、さらなる変化が永久に続く可能性を許容するものである。ユートピアの精神について言えるように、レトロトピアも、長期間の安全と自由の両立、つまり、その当初のヴィジョンとその最初の否定がともに達成しようとしなかった、あるいは達成しようとして果たせなかった事柄から刺激を受けている。

私は、モア以降のもっとも注目すべき曲折、つまりは五〇〇年におよぶ近代ユートピアの歴史について手短に振り返り、ユートピアの歴史に新たに登場した「レトロトピア」段階の中でもっとも注目される「未来への帰還（バック・トゥー・ザ・フューチャー）」の流れのいくつかをときほぐし、記録にとどめるつもりである。とくに強調したいのが、同族集団をモデルにしたコミュニティの復権と、非文化的要素や文化の影響が及ばない要素によって事前に定められている原始・古代的な自我の概念への後退現象、さらには全体として、既存の（社会科学と一般世論の双方によくみられる）基本的で、交渉の余地のない、「文明化された秩序」に不可欠な特徴からの撤退現象についてである。

もちろん、以上の三つの展開は、これまで実践されてきた生活様式への直接的な回帰を意味するものではない。というのも、アーネスト・ゲルナーが説得力を込めて論じているように、それはまったく不可能なことであるから。そうした傾向は、二度目の否定の前に存在していた、既成の、あるいは想像されている、以前の状態の繰り返しというよりは、（デリダの言葉を借りれば）その意識的な反復の試みである——そのイメージは選択的な忘却とからみあいながら選択的な記憶が行われる過程で、これまで重要な再生利用が行われ、修正がほどこされてきた。それにもかかわらず、レトロトピアへの道筋を描くに当たって重要な方位・参照点の役目を果たすものは、首尾よく試練を潜り抜けたのに、不当に放棄されるか、腐食するままになっていた、過去の持つ本当の側面、もしくは想定される側面なのである。

　レトロトピア的な過去への憧憬を正しい視点でとらえるためには、もう一つの警告が——その開始の時点から——適切である。ボイムはノスタルジアの蔓延は「革命の後で起こることが多い」と指摘している——一七八九年のフランス革命では、「アンシャン・レジーム（旧体制）が革命を生み出しただけでなく、ある面では革命がアンシャン・レジームを生み出し、それに終末の感覚とメッキを施されたアウラを与えたことも事実である。そしてまた、共産主義の崩壊こそが、「今日のロシアに蔓延している安定と強さと『常態』の黄金時代」という、ソ連の最後の数十年のイメージを生み出したのである」[4]。言い換えれば、私たちがノスタルジアの夢を夢見るときに通常戻るものは、「そういうものであった」過去や「本当にそうであった」過去ではない。レオポルト・フォン・ランケはかつて歴史家に向けて、そうした過去を回復し、再現するよう助言したものだったが（そして全員が承認したとはいえないが、多くの歴史家が誠実に試みたものだが）。E・Hカーの非常に影響力のある『歴史とは何か』[5]の中には次のような記述がある。

歴史家は必ず取捨選択を行います。歴史的事実は歴史家から客観的かつ独立して存在するという強固な信念は不合理な誤りです。しかし、この誤りを根絶するのは困難です……かつて事実は自ら語ると言われていました。もちろん、それは嘘です。事実は、歴史家がそれに呼びかけるときだけ語るものです。つまり、いかなる事実に語らせるのか、どの文脈で語らせるのかを決めるのは歴史家なのです。[6]

カーは、同僚である歴史家に対して、真実を、全体の真実を、ひたすら真実だけを発見し、伝えることに対する真摯な態度を求めている。しかしながら、一九六一年に『歴史とは何か』の初版が書棚に並んで好調な売れ行きを示したとき、「記憶の政治」――政治的な（実際には党派性を持った人々の）目的のために事実を任意に選択し、そして・あるいは事実を放棄する行為の暗号名――の本当の共通点は、まだ今日のような公然たる秘密ではなかった。それが今日のようになったのは、かなりの部分、ジョージ・オーウェルのおかげである。オーウェルは、急速に変化する国家の政策を追認するために歴史的記録を継続的に「更新する」（改竄する）「真理省」〔オーウェルの小説『一九八四年』に登場する、真理であると判断する権限を独占する機関〕について冷徹な分析を行った。歴史的な真理を追求する専門家がどの道を選ぼうと、そしてまた、彼らが自分の行った選択を保持するのがどれほど困難であろうと、彼らの見解だけが、一般の人々に影響を与えるわけではない。それは競合しあう見解の中でもっとも耳に入りやすいものでもなければ、幅広い聴衆に届くことが保証されているわけでもない――一方で、彼らのうちでもっとも資源に恵まれた競争相手と、もっとも無節操な検査官や管理者は、その正しい語り方を悪い語り方と区別する重要な基準として、物事の真理よりも実用性を重視する傾向がある。

ウェブとインターネットの到来が「真理省」の衰退の印であると思われる有力な証拠がある（それは決して「記憶の政治」のたそがれを示すものではない。むしろ、それが動員される機会が広がる一方、その方法を以前よりも広くアクセスできるようにし、その衝撃をより激しく、重大なものにした――より永続性のあるものではないにしても）。しかし、「真理省」が消滅したからといって、「物事の真理」を見つけ明確にする専門家が一般の人々の意識の中に送り込むメッセージの通り道が滑らかになったわけではない。むしろ、それに伴って、その道はより錯綜し、ねじれ、危険で曲がりくねったものになった。

権力と政治、言い換えれば、ものごとを実行する能力と、（かつては領域主権国家に与えられていた）何をすべきか判断する能力の間の溝が深まるにつれて、人々のニーズや夢や渇望を受け入れてくれる社会を設計し構築することによって人々の幸福を追求するという発想は、そうした壮大で複雑な課題と取り組むのにふさわしい機関が存在しないこともあって、不明瞭なものとみなされるようになった。ピーター・ドラッカーが（マーガレット・サッチャーの「他に選択肢はない（TINA）」という言葉に触発されて）率直に述べているように、[7] 個人と社会の成熟を結びつけようとする社会などもはや選択肢になく、社会による救済も期待することができない。そして、ウルリッヒ・ベックが述べているように、その後起きているのは、社会的に生み出された問題に解決策を見つけて応用する作業が各個人に委ねられ、個人は自らが保有する知力やスキルや資源を総動員している、という事態である。それが目指すものは（すべての人にとってよいものとすることが実践的にも、さまざまな理由からも望めなくなっているために）もはやよりよい社会ではない。そうではなく、その基本的にそしてまた明らかに矯正することが不可能な社会の内部で、個人が自らの立場を改善することである。社会変革に向けた集団的な取り組みの報酬を分け合うのではなく、個人が競争の成果を専有するという事態が起こっている。

私が本書で目指すことは、以下の各章において、レトロトピア的な感情やその実践の到来と関連のあるもっとも顕著で、ことによるともっとも重要な展開をめぐる一覧表の下書きを作ることである。

第1章　ホッブズへの回帰？

本章のタイトルと末尾の疑問符は、最近急速に増加している予測（なかには診断を装ったものもある）を精査したり、最新の統計によってもっとも一般的と思われる見出しから推定したりしてつけたものであり、私たちの時代の特徴を示すものである。ごく最近まで、ホッブズのリヴァイアサン〔旧約聖書に登場する怪物で、社会契約によって成立する国家の比喩〕は、人間の生来の残虐性を抑えるという使命を終えて人間の生活を（不快なものでも粗野なものでも標準に達しないものでもなく）より快適なものにしたと信じられていた。ところが今では、リヴァイアサンは自らの職務を適切に果たす能力があるとは思われなくなっている。暴力に訴える傾向のある人間本来の攻撃性はなくなりそうもなく、和らぐこともなさそうである。そうした傾向はずっと生き延びていて突然あるいは予告もなく姿を現わしたりする。

近代国家によって考え出され、実施され、監視の対象となった「文明化の過程」は人間の能力の変革ではなく、ノルベルト・エリアス〔一八九七—一九九〇、ユダヤ系ドイツ人社会学者〕が（意図したものかどうかは別にして）示したように、マナーや性向や衝動の改革だったと考えられるようになっている。人間の暴力行為は文明化の過程で人間の視界から消えていったが、人間の本性から消えたわけではなかった。それは（いわば暴力担当の）専門家に「外注され」「下請けに出された」だけだった。たとえば、奴隷や半奴隷や召使など（いわば、野生の恥ずべき攻撃性の罪がかぶせられるスケープゴートである）身分の低い「不浄な」人間に「委託された」のだ。これは古代インドのカースト制度が果たした役割に等しいものであり、その制度の下では不浄で穢れているとされる仕事（たとえば、屠殺や廃棄物の処理、動物の死骸や人間の汚物の廃棄など）は「不可触選民」、つまりはカースト制度外のカーストである「パンチャマ」と呼ばれる第五カースト、復帰する権利もない外部（「下部」）の集団に委ねられた。さらに重要なことは、インド社会の大半が属するとされる四つの身分階層（ヴァルナ）を拘束する道徳・行動規範の枠外の人々、今日の時代に当てはめれば「アンダークラス」、階級制度外の人々に委ねられたことである。

この「文明化の過程」の「文明化」の役割は、公共の広場での公開処刑やさらしものや絞首刑を廃止し、血の滴る動物の死骸を、それが消費される食堂から、食事をする人がめったに訪れることのない調理場に移すことだった。あるいは、年に一度のキツネ狩りの儀式に当たって、人間の持つ技術を称えると同時に、動物に対する人間の道徳的な優越性を示すことだった。アーヴィン・ゴッフマン（一九二二―八二、米国の社会学者）は、この文明化の作業項目の一覧に「儀礼的無関心」も加えている。これは、歩道や公共交通機関や歯科医の待合室にいる見知らぬ人々から眼をそむける技であり、彼らと関わらないようにして、交わることで生じる抑制できない不快な衝動を抑え、「人間の内部の動物」を檻に閉じ込めて、視界に入らず、表に出ないようにするものである。

こうした人間の内部に潜むホッブズの動物は、以上のような戦略や方策のおかげで、近代におけるマナー改革の影響も受けずに生き延び、その本来の粗暴な形で再登場することになった。それは、文明化の過程によって（そうした攻撃性を戦場からサッカーの競技場に移したように）うわべを取り繕ったり、「外注」したりしたものの、根絶することはもちろん、矯正することもできなかった。その動物は待機の状態にあり、礼儀正しい行動という薄皮をはがす準備ができていて、その不吉さや残忍さを抑えるというより、その不気味な相貌を隠そうとした。

ティモシー・シュナイダーは、ホロコーストという恐ろしい破滅的な経験（そしてとりわけ、誰も許容することができず、言い表すこともできない邪悪な行為が、「道徳心」があって「善良な」人々によって行われたという事実）を再解釈し、再検討しながら、次のように指摘している。

ことによると私たちは、将来大惨事が起きたら自分は救援する側に回るだろうと想像しているかもしれない。しかし、もしも国家が破壊され、地方の公共機関も崩壊し、経済的な理由で人を殺すような状況になれば、善良にふるまえる人などほとんどいないだろう。一九三〇年代や四〇年代のヨーロッパ人よりも私たちの方が倫理的に優っているとか、この問題に関しては、ヒトラーが広めて実現させたような考えには染まらないなどと考える理

由は存在しない。(1)

私たちが、自らを慰めるかのように（すでに明らかになっているその効果の面ではなく、少なくとも目的の面で）、ジキルとハイド的な二面性をきっぱりと断つための社会工学技術と考えるものは、現実とその表向きの姿をとりつくろうためのドリアン・グレイ式の美容整形手術にすぎないと受け止められるようになっている。結局、そうした手術を行っても効果が持続しないことが多いため、繰り返し行わなければならなくなる。私たちは暴力との戦いで決定的な勝利を収めることを目指すよりも、継続的で「先取り的な」攻撃態勢を整えることの方が重要であると気づくようになった。私たちは「よい暴力」（限定的だが法と秩序を実現するために行使する暴力）と「悪い暴力」（既存の法と秩序を転覆し、停止させ、剥奪するために行使する暴力）の間の持続的で先行きの見通せない消耗戦に終止符を打とうとしているようである――「悪い暴力」は、狡猾な誘惑に乗せられて、敵の道具や戦略を借用するために「よい暴力」の持つ力を動員するものである。私たちは、暴力のない世界を、もっとも美しそうに見えても、手の届きそうもないユートピアの一覧に組み入れなければならない。

このような予想しがたい展開を、一般的な暴力現象についての考え方によって、どう説明すればいいのか。こうした展開は、どこにでも出現する執拗なメディアが、ウィリアム・ランドルフ・ハーストの注目喚起型ニュースのためのレシピが示すパターン（「ニュースはフレッシュな入れたてのコーヒーのような役割を果たすべきである」）にならって、私たちの関心を掻き立てるような形で家庭内に持ち込んだ暴力行為のイメージによって起こった可能性もある。そして、その非常に煽情的で生々しい暴力行為は、（かつては越えられない壁と思われていた）境界線が穴だらけになり浸透性が高まったために起こったと考えられるのではないか――そうした傾向は高まる波に駆り立てられ、現在進行中のグローバリゼーションによって強化されているのではないか。

ことによると、こうした転換は、国家の方針転換によるものとも解釈できるのではないか。実際、国家はかつて持っていた強制力の使用を独占し続ける意欲を失っている。あるいはことによると、非常に大きな権限を持つ常設機関の特権と考えられていた、正当な（秩序を維持する役目を果たす）強制力と不当な（秩序を乱したり損なったりする）強制力を線引きする権利が、（アルフレッド・ノース・ホワイトヘッドの言葉を借りれば）「根本的に異議を唱えられる」問題の一つとなり、今後も永久に異議申し立てを受けることになると考えられているためではないか。シュナイダーが示した概念の枠組みを借りるならば、今日の国家は、マックス・ヴェーバーの強制手段を独占する国家の理念型と、シュナイダーの「破綻」（あるいは転落し、失敗した）国家、あるいは同じような「国家なき領土」に帰結する国家の間に引かれる線上のどこかに位置していることになる。

強制力を、正当なものと不当なもの、許容されるものとされないもの、合法的なものと非合法なものに線引きする権利（そして必要であれば、その線を自由に引き直す権利）は権力闘争の重要な関心事である。結局、そうした権利を保有していることが権力の重要な属性である一方、その権利を行使して、他の人々を拘束するためにそれを用いる能力が統治の重要な特性である。リヴァイアサン以降、その権利を確立し行使することは政治の領分とみなされてきた——政治体制を代表する政府の特権であり、政府が達成すべき職務であるとみなされていた。こうした見方はマックス・ヴェーバーによって広範に議論され徹底的に再確認され（強制力の独占、さらにはその使用の独占によって政治的国家を定義しようと彼は決意した）、今日、社会科学者の間でほとんど正当な地位を確保している。しかし、レオ・シュトラウス(2)〔一八九九—一九七三、ドイツ出身で主として米国で活躍した哲学者〕が私たちのリキッド・モダン（液状的な近代）の出発点をめぐって洞察力に富んだ警告を発しているように、人間の条件に対する歴史的なアプローチの要点について議論する際には、次のことを念頭に置く必要がある。

これまでに獲得したあらゆる知識の意味を根本的に修正するような驚くべき、まったく予想もつかない見解の変化はこれまで常に起こってきたし、これからも起こることだろう。人間の人生全体に関するいかなる見方も、最終的なものであり完全に妥当なものであるなどと主張することはできない。どれほど究極的なものに見える教義でも、やがて別の教義にとって代わられる。

あらゆる人間の思考は運命に依存している。言い換えれば、思考が支配することのできないもの、それが予測することのできないものの働きに依存している。

思考が本質的に運命に依存することが今や明らかになり、かつては明らかでなかったことも、運命によるものである。

シュトラウスの推論の根拠となっている信頼すべき二つの重要な見解と警告が想い起こされる。それはヘーゲルが言うところの黄昏どきになってようやく翼を広げるミネルヴァのふくろうと、マルクスが言うところの自分たちが選んだ条件ではない条件の下で歴史を作る人間である。彼らの間で、この二つの警告と勧告は、ホッブズの国家観である、その地域の安全を保障する国家、国民を人間本来の（本能的かつ衝動的な）攻撃性から守るただ一つの組織であり、そうであるがゆえに、他の人々の管理できない暴力から効果的に守ってくれる国家という、全体的な見方を正当化するものである。それはまた、かつては暴力に対する人間の主要な（あるいは唯一の）安全保障であり保険であるとされていた国家というものを、現在広がりつつある暴力に対して脆弱で安全が確保されない環境の主要原因のリストに加える可能性を、遠回しにせよ暗示している。

今日もっとも鋭敏で率直な文化・社会批評家のひとり、ヘンリー・ジルー（『マンスリーレビュー』に掲載された『アメリカのテロリズム中毒 *America's Addiction to Terrorism*』の著者）は次のように結論づけている。

システムの中に制度的な暴力が組み込まれており、それがこの地球と公共善の感覚さらにはデモクラシーを破壊している。そして、それはもはやイデオロギーによってではなく、懲罰国家によって管理されている。そこでは、すべてが犯罪化されつつある。それというのも、それが金融エリートと、彼らが手にしている国家の支配を脅かしているからだ。新自由主義はわれわれの生活の中に暴力を注入し、政治の中に恐怖心を注入している。(3)

私はこうつけ加えておきたい。逆もまた真なり。新自由主義は政治の中に暴力を注入し、私たちの生活の中に恐怖心を注入している、と。そしてその「私たちの」生活にしても、情報ハイウェーが交差する世界にあっては、他の人々の恐ろしい運命と無縁でいられることなど不可能であることも強調しておきたい。南回帰線の悪魔のベルト地帯に位置する破綻国家の残骸の中に住む人々、言い換えれば恐怖心と暴力を注入されて身動きできなくなっている人々が、住処を求めて私たちの家に押しかけている――彼らのめざわりで不快な姿が私たちのまぢかに迫っていて、私たちの運命も彼らと同じではないかという恐ろしい疑念を抑えようとする私たちの防御本能を再三脅かし、それに挑もうとしている。したがって、私が「恐怖心と暴力を注入された」と呼ぶ人々とは、無意識の深みから生じる疑念や不吉な前兆を抑えられないことが明らかなのに、日々、「法と秩序」のすきまの快適さを大事にし、楽しんでいる人々のことである。結局のところ、予期せぬ運命の転換が度重なったことで、リヴァイアサンは破産状態にあるとみなされるようになった。つまり、リヴァイアサンはもはや、安全の保障を求める人々がホッブズの助言に基づいて権力に投資したお金に対する利子（本当に支払われるとされることもあるが、想定上のことだとされることの方が多い）を、払えなくなっているのだ。それは言い換えれば、リヴァイアサンが、正当な暴力と不当な暴力の間に本当に信頼できる線、つまりは拘束力があって浸食不能で通行不能な線を引けなくなっていることを意味する。

ＢＩＣＣ（ボン国際軍民転換センター）のマックス・Ｍ・ムチュラーは、二〇一六年三月の報告書の中で、次のように指摘している。

西側諸国は軍事介入に当たって地上部隊を動員することに二の足を踏んでいる。代わりに、彼らが頼るようになっているのが、高度な軍事技術のネットワークによって可能になった精密攻撃である。近代的な地上攻撃用航空機、無人航空機（ＵＡＶ）、精密誘導兵器、宇宙を拠点とする監視装置がそれであり、いずれも近代的な情報技術によって結びつけられている。(4)

ムチュラーは、こうした戦争のあり方の重大な転換を、現在進行中の権力の脱領土化の進展の結果であり、現在もその勢いは増している、としている。「自由に移動し、必要ならば、自分の責任を免れるために他の守備範囲から出ることが、私たちの時代の権力の中心的な特徴である」。

私のいわゆるリキッドな戦争において、近代国家は領土を管理する負担や責任に尻込みするようになっている。というのも、彼らは自らの裁量で費用を節約しながら管理する手立てを心得ているからである。近代的な軍事技術のおかげで、彼らは、いつどこで攻撃を加えたらいいか、有効な反撃を受けずに正確に敵に打撃を与えるにはどうしたらいいか、判断できるようになっている。彼らは攻撃してはすばやく引き上げる戦術、つまりはゲリラ戦の中心原則と多少似通った戦術に依存するようになっており、そこでは物量よりも機動性とスピードの方が重要になっている。

権力の領土からの解放は、これまで未完のグローバリゼーションのプロセスが近代国家の持つ機能に与えてきた打撃の中でもっとも深刻なものであるが、それに加えて、ホッブズが説明したリヴァイアサンの全能の力とされるもの（そしてその実現可能性）にとっても、もっとも重要である。ホッブズのリヴァイアサンは、近代国家が目指し模倣しようとしたモデルであるが、これまで重厚で扱いにくい鈍重なかたまりで、地上にしっかりと固定されたものとイメージされてきた。ようするに、ホッブズのリヴァイアサンは「反移動性」を体現したものだった。言い換えると、「攻撃してはすばやく引き上げる」ことなど考えも及ばないものにするために据えられるものだった。穴だらけで簡単に入り込める国境を持つリヴァイアサンなど、ほとんど語義矛盾に他ならなかった。しかし、そうした多孔的で浸透性の高い国境は、単なるローカルで不安定で異常なものではなかった。そうではなく、進行する政治のローカル化と結びついた権力のグローバル化の過程で育まれた新たな世界（無）秩序の規範であり、戦争の「リキッド化」とそれに奉仕するテクノロジーによって実現され、維持され、再生産されたものだった。政治（依然としてリヴァイアサン型の近代国家にとってもっとも重要なものであり、ほとんど独占的な技術である）が、猛烈な歯ぎしりのために歯を折ってしまったにもかかわらず、それに代わる入れ歯も、もろくて簡単に折れてしまうものだった。

その結果、リヴァイアサンは、その前提であると同時に、合法的な暴力と違法な暴力を線引きする本来ならば持っているはずの独占的な権利を失ってしまった。それにもかかわらず、惰性によって引き続き線引きし強化しようとしている（強化しているふりをしている）線は、理論と実践の両面で異議申し立てにさらされ続けている。それに加えて悪いことに、失った自らの権利を取り戻す作業を中心的な関心事と生存理由のトップに据えた国家は、既存の義務の残りのすべてをその目的に合わせるよう迫られることになった（自らの意志によるものでもあるが）――以前に受け継いだり熱心に受け入れたりした、その成果とその結果に対する責任を放棄すること（それらを完全に放棄するものではないが）を通じて、もしくは干渉を免れている集団にそれを下請けに出すことを通じて。こうした転換の後で、国家は、すべての実践的な狙いと目的のために、安全の守護者と保護者の役割を、複数の組織のうちのいずれか（おそらくはもっとも効果的なもの）に肩代わりさせることになり、それらの組織が一致協力しながら不安定で不確かな人間の条件に対処するようになった。

それらの組織は実に多種多様であるが、そのほとんどが（そしておそらくすべてが）同じ根から芽吹いたものである。言い換えれば、人間の条件の徹底的なグローバル化から芽吹いたものに他ならない。そのグローバリゼーションは、領土外の勢力からの自律や自給自足や独立を促すためや、（今ではほとんど実行不能とみなされている）その領土の境界線の内部の安全を確保するために歴史的に形成された領土・主権国家（ベンジャミン・バーバーが指摘するように）と対峙しながら、その管理の手を逃れたり、監督しようとする試みを未遂に終わらせたりしている。制御することが不可能で、そしてまたそうした状況を元に戻せない可能性が高い条件下で、地球規模の相互依存が進行しているために、国家がそうした使命を果たすことなど想像もつかないのは当然である。

先に述べた組織のうちのほんの一部を取り上げながら、手短に説明してみたい。まずはこの地球が簡単に入手できて隠すことのできる殺傷兵器で溢れていることから説明を始めることにする。

二〇〇三年にアムネスティ・インターナショナル、国際小型武器行動ネットワーク(IANSA)、オクスファムが合同で展開した「コントロール・アームズ」運動は世界の武器取引の現状を次のようにまとめている。(5)

武器規制が存在しないおかげで、他人の不幸を下敷きにして利益を得ている人々がいる。大量破壊兵器の規制の必要性に国際的な関心が注がれる一方で、通常兵器の取引は引き続き法的・道徳的な制約がない中で行われている。多くの国が小型武器の生産を開始しており、その使用を規制する能力や意志を持っている国は少ない。世界の武器取引を支配しているのは国連安全保障理事会常任理事国(米国、英国、フランス、ロシア、中国)である。ほとんどの国の国内の武器規制は穴だらけか、かろうじて機能している状態である。深刻な弱点は、武器取引の仲介や、製造認可、最終使用に関する規制がゆるいことである。火器所有や武器管理の規制のゆるさに加えて、武器所有を認められた人々の権利の悪用によって武器がよこしまな人々の手に渡っている。

それから一〇年後、一大経済危機後の二〇一三年三月二日付『ガーディアン』は次のように報告している。「経済の落ち込みにもかかわらず、世界最大の武器製造会社の業績は堅調であり、二〇一〇年の武器と軍事サービスの売り上げは増加し、四〇〇〇億ドルを超えた」(6)。その二年後の二〇一五年八月、アムネスティ・インターナショナルは、世界中におよそ八億七五〇〇万丁の小型武器と小型兵器が流通しており、年に七〇万から九〇万丁もの小型武器が生産されていると報告している(7)。

ロシアの偉大な劇作家アントン・チェーホフ〔一八六〇―一九〇四〕の忠告を想い起こしてみよう。チェーホフは自らの作品の卓越したリアリズムを的確に評価した上で、意欲ある劇作家に向けて、自らの作品の特徴であり、リアリズムの頂点に達して世界的名声を勝ち得たその成果を参考にすると同時に、自分の夢を叶えるために努力するよう促している。そして、もしも劇の第一幕で壁にライフルが架かっていたら、第三幕ではそれを外さなければならないとも指摘している。

一年間に生産される一〇〇万丁余りの小型武器のうちの多く(ほとんど)が、その年に廃棄されると考えるのはまったく無邪気である。私たちが生きているのはプラグマティズムこそ最大の理性的な行動である世界に他ならない。それは言い換えれば、「私はできる、そうであるがゆえにそうするし、そうしたい」世界である。そういう世界にあっては、マックス・ヴェーバーの「道具的理性」の論理も転倒している。つまり、この世界では、目的がもっとも有効な手段を求めるのではなく、手段がそれに適した活用法を求めている（通常は見つけている）。そうしたプラグマティズムは当然予想されることであり、私たち消費者の世界と切っても切れない関係にあることは間違いない。その消費者の世界では、既存の需要に応えるよりも、新たな商品を生み出しては宣伝が行われる。言い換えれば、呪文で新たな商品を呼び出すよう期待され、義務づけられている。

私たちが置かれている現状を視覚化しようとするなら、人類学と歴史学の二つの分野の驚嘆すべきエストニア人研究者であるユーリ・ロットマンが発想し（文脈は多少異なっているが）展開した地雷原の比喩がもっとも適切で有益であろう。私たちが地雷原について確実に知っているのは、そこが爆発物で溢れていることであり、当然予想されることは遅かれ早かれ爆発が起こるということだが、それがいつどこで起こるか知る手がかりはない。このような事態が切迫していることを意識しなければならない恐ろしい状況下で唯一の対策といえるのが、いつどこで爆発するか予想できないがゆえに、地雷が埋まっていそうな場所を避けることである。これは堅実な考え方だが、残念ながら現在の状況下では夢物語である。

世界の軍産複合体が、政治の統制を免れている状態にあって、その莫大な利益を手放そうとしない一方で、各国政府も利益の上がる兵器産業によって雇用統計を改善させようとする誘惑に抗えないことを考えると、それが夢物語であるのは間違いない。そして、犯罪組織の側もまた、不都合な状況や強い抵抗に逆らいながら銃や爆発物の輸出入の規制に動く（少数の）政府から利益を吸い上げるチャンスを逃しはしない。さらに、もう一つの誘惑についても想い起こしておこう。それは、「小型武器」の所有者、とりわけその破廉恥な指導者や指揮官ですら拒むことができないものである。それはつまり、地球規模のメディアがもたらす誘惑である。メディアは小さな町の銃撃事件のもたらす衝撃ですら大げさに取り上げて、世界中の人々に「リアルタイムで」送り届け、そうした身の毛のよだつような衝撃的な映像を、それ以上の費用もかけることなく再生利用し、世界中に拡散させている——そしてまた、この地球上のあらゆる生命を常にリスクにさらし、危険な状況に追い込んでいる。それに加えて、地雷原の除去を夢物語にしている原因のリストを満杯にしているもの、つまりは、前述したすべての事実の要約ともいえる結果が、より多くの武器を入手しやすくすることこそ、この地球を武器で満たすことで生じる危険性に対する最良の対応策だとする認識が、世界中の有権者（アメリカ人がその最上位にくるのは間違いない）の間に広がっていることである。

次に取り上げる必要があるのが「模倣」現象である。これもまた、視聴率を上げることに貪欲で、そうせざるをえない面もあるメディアが促しているものである。模倣は、流行のパターンに従うものであり、それは、流行がそうであるように、人間の、あまりにも人間的な、明らかに相反する二つの欲望である社会性への願望と個人性への願望、言い換えれば、帰属への欲望と一人でいたいことへの欲望という、両立しがたいものを両立させて同時に満たすと約束することに、その圧倒的な魅力の由来がある。このような目的の二重性とその行動がもたらす影響の弁証法に着目し、広範な分析を行ったのがゲオルク・ジンメル[8]（一八五八―一九一八）である。しかし、流行に特有の反復と革新の弁証法という、一見したところ時間に拘束されない現象に注目した人物となると、ガブリエル・タルド[9]（一八四三―一九〇四、フランスの社会学者）が挙げられよう。タルドはまず、リスクを伴う選択に直面した際に人間が安全策を求める傾向があることを説明した後、人間には突出性と自律性に対する同じように強い願望があることに触れている。

しかし、タルドとジンメルの時代以降、模倣（イミテーション）のメカニズムや範囲や役割をめぐって多くの変化が生じている。そして、そうでなければ常にみられるはずの人間存在のあり方をめぐる最近の変化を把握する新たな概念こそ「模倣（コピーキャット、猿真似）」である。その新しさはごく最近の情報革命に根ざすものであり、これについてはエリフ・カッツの『ガブリエル・タルドの反響――一〇〇年後に私たちがもっとよく知っている、あるいは違った見方をしているもの *Echoes of Gabriel Tarde : What We Know Better or Different 100 Years Later*』[10]によってようやく明らかにされた。正確に言うと、それはまったく新しいものではなく、情報の源泉と個人の見解の間の、そしてそれに続く行動という循環的な動きの面での量的な変化であって、質的な変化ではない――インターネットの出現によって加速されたそうした量的変化が増大することで、質的な変化が生じることは認めるが。それはまさしく「違いを生み出す違い」に他ならない（よく引用されることわざ「違いを生み出さない違いは違いではない」を模倣したもの）[11]。にもかかわらず、振り返ってみると、一世紀後の今日の質的な転換をもたらす力のあるパターンの登場に（それが成熟するかなり前の段階で、そしてまたその存在が注目されて、社会科学界からの承認によって見過ごせないものとなる前の段階で）着目したという栄誉はタルドに与えられるべきである。エリフ・カッツが前記の研究への「序文」で指摘しているように、「タルドは、群衆が、日刊紙の周辺に組織される新たな社会編成にとって代わられつつあることに気づいていた。その『公衆』は実際のところ、物理的な集合体というよりは分散した群衆であり、報道機関が連日もたらす話題を入手した後、コーヒーハウスやサロンに集まって議論を重ね、世論を形作っていた」。

しかし、後知恵の強みを生かして言うならば、私たちの時代になってようやく踏み出すことができるようになった決定的な一歩は、「集合的な意見」を、物理的に近い場所にいるその運び手や媒体から切り離すことだった。今日、世論形成のどの段階においても、密集した群衆や対面的な出会いのような物理的な近さは（原則として）必要でない。こうした変化が予言し、可能にし、引き起こそうとした（非常に起こる可能性が高かったが）公共圏の変容がどれほど深くて巨大なものかを認識するためには多くの量的な変化が必要であった。そこに至るまでは、小さすぎて記録できず、目に見えないために気づかれず、正しく認識されることもなかったためである。タルドの考えは、図書館の書棚に何十年も埃をかぶったまま日の目を見ることはなく、学界での議論の場にも登場することはなかった。おそらくブルーノ・ラトゥール（一九四七—、フランスの哲学者、人類学者、社会学）がカッツを引用しながら、タルドの考えが「最終的に理解されるようになるには次の世紀を待たねばならない」と述べたとき念頭にあったものは、このことではなかろうか。

私たちは今やその「次の世紀」に生きている。個人対集団の弁証法（帰属のもたらす安全性への衝動と、自律した自己形成という磁力の間の一種の愛憎関係）を導き、ときには結びつけたり切り離したりしようとする動機は、今世紀になって手つかずのまま再登場した可能性がある。しかし、ジョン・B・トンプソン(12)がすでに二〇年前に指摘していたように、「コミュニケーション・メディアの発展は、対面的な交流とは異なる特性を持った、新たな行動や交流形態と新たな社会関係を生み出している」。

この新たな交流形態のメタ特性と、それが堆積させる新たな社会関係（他のすべての特性の母体）が、「距離を隔てた行動」の妥当性を高めることになった。その結果、トンプソンが「媒体を通じた公共性」と呼ぶもの、言い換えれば「もはや共通の場とのつながりを持たない」「個人と行動と出来事」の「公共性」のようなものが登場したのである。トンプソンはこの比較的新しい行動形態を二つのカテゴリーに分類している。一つが「媒体を通じた交流」であり、その特徴は「象徴的な合図（たとえば、ウィンクやジェスチャー、顔をしかめる、微笑むなど、（交流の）参加者が活用できるもの）の縮小」にあり、二つめが、もう一つの「どれほどの範囲に及ぶのか明確でない受け手」のために生み出される情報伝達の「媒体を通じた疑似的な交流」である。

この新たなコミュニケーション媒体のもっとも重要な特徴（そして模倣現象の拡大ともっとも関連のある特徴）の一つであり、そしてまた、とりわけそのサイズの小ささのおかげで、二四時間切れ目なく「リアルタイムで」活用可能な双方向で携行可能な受信機の氾濫によってアクセスできるようになったインターネットの特徴は、「協調しあってはいても、協力はしていない迅速な行動」を可能にする点にある。それを可能にするものは（そして簡単に、その可能性を非常に魅力あるものにするものは）、ことわざに言う無数の「ビンの中のメッセージ」が生み出されて、それが見つけられ、引き上げられて、開かれ、読まれるチャンスが増大し、さらにそうした協調（協力ではない）行動の可能性が増大することであると言えるかもしれない。

　二〇年前に刊行されたトンプソンの研究が、テレビに焦点を当てながら新たなコミュニケーション媒体の分析を行っているのは不思議ではない。テレビには情報の送り手と受け手の明確な分離と非対称性という特徴がある（これは、その実践というよりは目的の面で、デカルトの能動的で計画性のある主体と受動的で影響を受けやすい客体との明確な分割を実行に移したに等しい）。私が思うに、トンプソンがインターネットの登場に伴う新たな事態の発生後に研究を行っていたら、その焦点を「距離を隔てた行動」の実践に移したのではなかろうか。つまりは、相当程度（おそらくその度合いは増している）デカルト式の明確な主体・客体の並列状態を弱めてしまう、そのはめ込まれた相互作用性《インターアクティヴィティ》にシフトしたのではなかろうか。言い換えれば、人間の一体感の形成がもたらした重大な結末がしだいに明らかになるにつれて、いっそう明確になっている新たな事柄にシフトしたのではないかと思われる。トンプソンは、「公共性」の見通しを考えるに当たって——言い換えれば、だれもがアクセスできて、すべての人々の考えが（少なくとも原則として）表示され、知らされ、議論され、承認され、非難される、公共空間の見通しを考えるに当たって——その時代の「象徴的な環境」を、「メディア産業内部の吸収合併や乗っ取りや株式持ち合い」の結果、「すでに資源の実質的な集中が進行している（傍点は著者）」と表現している。

前記の観察の正しさと妥当性は、二〇年後の今日も揺らいでいない。しかし、インターネットの登場とともに、テレビが支配していた象徴的な環境の特徴であった各種のプロセスに新たな流れが加わっている。それが、メディア企業グループの台頭にもかかわらず、トンプソンが「公共性の再発明」につながる原則とした「規制された多元主義」体制の確立を後押ししている資源の消散のプロセスである。多元主義はすで存在しているものの、現実にはしだいに規制されつつある。しかし、二つの決定的な条件がある。その一つは、人間の世界内存在の他の多くの側面（たとえば、社会的に生み出された問題に個人が解決策を生み出したり、宗教団体から出される提案から「自分自身の」神を創作したりするケースにみられるように）と同じように、規制作業の「規制」に個人の「協力が得られ」たり、個人の裁量に「任され」たりしていることである。それはアンソニー・ギデンズの「生活政治」の領域に委ねられているが、インターネットの時代の生活政治は公共圏へのアクセスを手にしただけでなく、それを征服して占領し、もはや異議申し立てを受けることもなく、日々支配を再生産し、広範な支持を勝ち取っている。そしてもう一つの条件である、くだんの新たに登場した多元主義は、皮肉なことに、そうした多元主義が温め維持することしかできない不協和音を「規制」しようとする個人の多様な試みから生まれたものである。言い換えれば、消化できないものを消化できるものにし、混乱を収めて、できるだけ理解しやすいものにしようとする個人の多彩な試みに由来している。

これについては、その住民たち（多くの場合、難破船に乗っている人々や、海難事故の可能性を予想し、その可能性に悩まされている人々）を非常に不透明な多元主義の荒波から守ってくれる、透明性と明確さが結びついて生じた静かな島というたとえが、きわめて適切であろう。つまり、それはリキッド・モダンの条件下では逃れることも交渉することもできない、帰属に対する希求と自己形成の義務という二つの要求を同時に叶えるものである（あるいは叶えると思われるものである）。以上の二つの要求は、競い合う代わりに、絡みあわされ、同時に、そして一挙に叶えられる（あるいは少なくとも叶えられそうである）。模倣行為は、こうした二重の不安に対する理想的な解決策を得るための理想的なツールであり、そのツールを活用して、多元主義的なオフライン状況下では事実上応用できないことまで可能にするのがインターネットである。

しかし、模倣されるチャンスを手にするためにまずしなければならないことは、インターネットが提供するオーディエンスの獲得である。かつてそうした人々は、繰り返し対面的な出会いができる距離にいる隣人たちに囲まれていたが、（「ネットワーク」の形に生まれ変わった）コンピュータ科学の時代になると、何らかの理由で信頼できるとみなされ、そう信じられている情報を発信する人間の周りに集まっている。そうした人々が画面に現れる頻度と、彼らが自慢する自分たちのメッセージに対する「いいね」や「シェアする」の数は、自分たちの選択が重要なもので尊重されていて望ましいものであることを示すために必要なあらゆるものを提供してくれる（たとえ操作しにくくても、それ以上に信頼がおける物差しがない中で）。（私が選ぶのではなく私は選ばれる側であり、同意を求められることもなく帰属していた昔のコミュニティとは違って）私が他の申し出を拒んでそれを選択したという事実は、私の自尊心をくすぐる上に無上の喜びを感じるものであり、まるで従属ではなく独立した行動のようであり、それに加えて勇ましい自己主張の行為のようでもあり、そこに、あらかじめ承認が保証され集団からの認可も得られているというメリットも加わる。

これらはすべて模倣行為の特徴であり、実例である——しかし、ここで私たちが関心を寄せるのは特別なカテゴリーの模倣行為であり、それはホッブズの世界が再来する兆候（もっと正確に言えば、逆に私たちがホッブズの世界に立ち戻る兆候）と受け止められることが多い暴力の量や強さの増大と直接関連がある。ここで私の念頭にあるのは、暴力の模倣行為が増加していることである。

ジャック・デリダの「反復」モデルとよく合致しているこれらの模倣行為は、彼らが模倣している行為の単なる複写（カーボンコピー）ではない（視聴率アップを目指すメディア業界の生き馬の目を抜く競争、さらには視聴者の「視聴疲労」を避けるために新鮮なニュースを提供し続けようとする絶え間ない努力を考えれば、機械的で文字通り忠実な反復は、メディアが提供する無料広告を増やす上では間違いなく逆効果であろう）。実際のところ、模倣行為には反復的な（すでに試験済みの行動形態からすでに試験済みの効果を一部借用しようとする）傾向と同時に革新的な傾向もあり、今までにない目を見張るようなタッチを加えてくれたり、模倣という下劣な行為によって生じるショックを帳消しにしてくれたりする。そのなじみのなさのおかげで衝撃を与えてくれそうな後者の新しくて新鮮な傾向は、古いものを再生させる上で不可欠な条件である。

暴力行為を模倣するには、少なくとも中期的な公共性のあるテーマを設定できる提案（メディア産業の献身的で資源面での支援を伴う）が必要であり、この地球が前述のように簡単に入手できる小型武器で溢れていることは、そうしたものの存在を説明する上でかなり役に立つ。しかし、もう一つの条件も叶えなければならない。それが、この種の提案の要求に十分応えられるだけの大きな需要である。求められるものは、すでにそうした満足感を得るのに有効で使いやすいツール探しを行っているような需要である――一方では、すでに確立されている需要や期待を満たすのに適した模倣される行為を見つけることができて、その可能性も高いものでなければならない。その種が芽を出すための土壌も整っていなければならない。

今日、暴力の種を芽吹かせる肥沃な土壌には事欠かない。模倣現象の出現とその恐ろしいまでの激増の責任を、新たに活用できるようになった情報技術に負わせるのは無駄なだけでなく無意味でもある。その技術はせいぜい、これまで面倒で費用のかかっていた仕事を容易にし、魅力的なほど安価にする上で補助的な役割を担ったにすぎない。しかし、もしも種が（どれほど多くても）撒かれる土壌が不毛であったら、暴力の種は芽吹かず実も結ばなかっただろう。

　その土壌は不毛などころか、非常に肥沃である。それは人間側の条件がよく整っていて、十分すぎるほどの肥料が与えられているおかげである。その肥料の種類はさまざまだが、どの肥料にも欠かせない成分が怒りである――その怒りを吐き出すための使いやすくて信頼に足るはけ口が腹立たしいほど不足しているために、なおさらうずいたり、ただれたり、水膨れになったりするのだ。その怒りがもたらす影響は一様なものではないが、二つのまったく異なる理由によって、絶えず広範な分野の人々を苦しめている。リキッド・モダンの生活の混乱の中に深く沈み込んでいるそのルーツをひたすら、そしてまた鋭く追及しているジョック・ヤング（一九四二―、英国の犯罪社会学者）は、それを次のように説明している。

> 男らしさを売りものにするストリート・ギャングの過剰な暴力と、真面目な市民たちが抱く彼らへの懲罰衝動の間には、その性格だけでなく、その原因の面でも共通点があり、いずれも労働市場の混乱や不調にその原因がある。つまり、前者については、労働者として参加することは拒んでも消費者としての貪欲さは奨励する市場のあり方に原因があり、後

者については、不安定な雇用形態でしか包摂しようとしない市場に原因がある。言い換えれば、前者は、人を苛立たせるような排除と関連があり、後者は、不安定な包摂のあり方と関連がある。(13)

ヤングは、蓄積された不満や怒りを暴力の噴出に変える心理的メカニズムについて、次のように指摘する。「犯罪者を駆り立てているのは屈辱のエネルギーであり、たとえ実用的な理由が中心であっても、逸脱の喜びや、規則を破る楽しさ、男らしさやアイデンティティの主張もそこに加わっている」(14)。

これらの特徴が意味するものは、そうした攻撃行動には(「悪気はないのです」という有名な決まり文句が示すように)ほとんど利害関心がなく、探偵小説で「動機」と呼ばれているものに欠けていることである。その主な、おそらく唯一の理由は、圧倒的で抑えがたい怒りの高まりであるのに対し、攻撃の対象になるものは偶然であり、ほとんど完全に(また余計なことだが)その動機とは無関係である。耐え難い屈辱感や敗北感、あるいは耐えられないほどの社会的地位の下落や排除の恐れから生じる攻撃性は、通常ほとんど注目されることがない。前もって計画されたものか、故意に選ばれたものか、偶然選ばれたものかはともかくとして、暴力行為の犠牲者は偶発的で無差別的な傾向があり、攻撃を加える側の不幸や苦痛の本当の原因である明確なターゲットが不明であったり、手が届かないためであったりする場合がある(たとえ、後から振り返って、行動とその対象の結びつきが明らかになったとしても）。

テロリズムのケースでは、その犠牲者の無差別性が見過ごせないくらい故意にあるいは明確に示され、強調される傾向がある。そして、その目的は、ローカルな場で計画され実行に移される暴力的なテロリズムの恐ろしさを拡大することにある。それがもたらすメッセージは、誰も安全ではいられず、罪があろうがなかろうが、どこにいようがいまいが、将来、復讐心に燃えた怒りの犠牲になる可能性があるということである。自分や他の人々が不正に関与していないことを証明しようとしても無駄であり、無意味である。計算づくの偶発的な怒りの爆発がもたらすメッセージは、私たちみんなが一人の例外もなく、犠牲者の恐ろしい運命を直接経験する可能性や、個人として犠牲者の運命を味わう可能性を恐れる十分な理由がある、ということである。

蓄積された怒りを解き放つことは、自己目的的なものであって、それ自体の動機や目的とは関連がない。そうした行為は、ヴィレム・シンケルが「暴力のための暴力」(15)と呼ぶものに他ならない。シンケルは「あらゆる暴力行為に自己目的的な面がみられ、暴力はそれが実現しようとする目的のためではなく、暴力行為そのものの持つ魅力のために選ばれることが多い」と指摘している。暴力の持つ不健全な魅力は、自らの劣等性――弱さ、運のなさ、怠惰、とるに足りなさ――に由来する屈辱感から一時的に解放されることにある。この種の解放感については、二千年以上も前にイソップが、いつも不安におののいていて、大きくて強い動物から逃げ回っているウサギが感じる安堵感をめぐる寓話で明らかにしたとおりである。このいつもオドオドしているウサギが隠れ家に近づいていくと、今度はカエルがパニックに陥って水の中に隠れた〔おかげで、ウサギは下には下がいるものだと安堵した〕。

　自己目的的な暴力は蓄積されたガスを放出する一種の「安全弁」の役目を果たすが、ふたたびガスが溜まって爆発しそうなレベルに達することまでは防げない。自分よりも弱くて資源に恵まれない人間を利用するのは簡単だが、それには利点だけでなく欠点もある。つまり、その容易さそのものが、「見事に成し遂げた仕事」から得られる満足感を奪ってしまうのだ。それは暴力行為を行う側の優れた技術や力を試す場にならないため、自尊心や自信の回復にはつながらない。そういった意味で、自己目的的な暴力は無意味な暴力であり、最悪の場合、それを行う人間にとって著しく、そしてまた不名誉なほど無意味であったりする。それは質で劣るものを量で補おうとするものであり、無意味な暴力は自己繁殖し、自己拡大する傾向がある。

　明らかに弱そうな動物を傷つけるために自らの究極の暴力に訴えることは、能力や勇ましさ、とりわけ攻撃側の資質や重要性を「実際に試す」上では物足らない上に不十分なものである。暴力行為が試されるためには、あるいは少なくとも試されているとみなされるためには、それを実施する側も試され、傷つけられ、敗北を喫するほど強力な敵が必要になる。その敵は強力であればあるほどよい。私たちが大切にしているあらゆるものを破壊すると脅かす悪意あるイスラム教徒と闘ってその侵入を防ぐことは、近くのパキスタン人の店に放火することとは比較にならないほど有効な自己侮蔑の治療法なのである。

『プラハの墓地』(16)（ヨーロッパの歴史にみられる激情的な面や紆余曲折に精通していることで知られるウンベルト・エーコの一連の小説の中の最新作）に登場する完璧な負のヒーロー（そして、他のすべての登場人物が実在の人物である中で唯一の架空の人物）シモーネ・シモニーニは偏執狂的な陰謀論の亡霊について深い洞察力を示しながら、その亡霊はうたたねしているときでも常に目覚めようとしており、今でははっきりと目覚めている、としている。エーコは、シモニーニの言葉を借りながら、陰謀史観の役割や、その有用性、その全体的な魅力の原因を次のようにまとめている。

私はこれまで、隠れた敵の陰謀を恐れる多くの人々に出会ってきた――私の祖父にとってそれはユダヤ人であり、イエズス会士にとってはフリーメイソン、ガリバルディ信奉者の父にとってはイエズス会士であった。ヨーロッパの半数の国の王たちにとってそれはカルボナリ党（炭焼き党）であり、マッツィーニの仲間たちにとっては聖職者を後ろ盾にした国王、世界中の警察にとってはバイエルンの啓明結社《イリュミナティ》（自然宗教の秘密結社）であった等々。ここに、誰もが自分の好みに応じて陰謀論を書き込む用紙がある。

一九九四年と九五年のボローニャ大学での新学期開始時の講義と、歴史における真実と虚偽の役割（彼によれば、虚偽は「必ずしも嘘の形ではなく間違いの形で」「歴史上の多くの出来事を」ときにはよりよい方向に、ときには悪い方向に動機づけてきた）について分析した論文集の中でエーコは、歴史の舞台裏で糸を引いている、隠れた（通常、悪意のある）陰謀の持つ多大な影響力に関する博識に加えて、「著者兼アクター」（つまりはそのアクターたちと共同作業をしている著者）を題材にしながら、次のように指摘している。「秘密結社の神話とこの世界の運命を方向づけている『霊的な存在』については、すでにフランス革命の前から議論されていた」。これらの神話は全体として「非常に魅力的であり、事実によって覆されることはなかった」。「どの物語にも効能があり、かなり複雑で信頼性に乏しい日常や歴史的な現実以上に、実話であるように思われた。それらの物語はそうでなければ理解するのが困難な事柄を説明しているように思えたのである」。[17]

『プラハの墓地』の語り手は一九世紀に生きて考え行動している人間だが、そうした時代設定を行ったウンベルト・エーコ自身は、二一世紀の後知恵を生かしながら自らの生活と思考と行動を組み立て直している。今日、世界的な出来事の背後に糸で操っている組織が存在すると考える歴史の陰謀論は、軽い精神錯乱によるものであるどころか、政治的議論と世論の中心付近をゆっくりと移動しながら、そこに霊感を吹き込んでいる。そうした陰謀論は多くの国々で（最近までその影響を受けないと信じられていた国でも）不思議なほど人気が高まって多くの支持者を獲得しており、政治家の演説やマスメディアに顔を出す機会も多くなり、「ソーシャル・メディア」上でも急速に拡散している。こうした拡大は、おそらくは（ひょっとすると）広大な「世界中の陰謀」のキャンバスに「自己目的的な暴力」を刻み込むことが重要になり、それを実行する人間の勇敢さと地位を一段と引き上げているかぎり、阻むことは容易ではないし、反対することもできない。

こうした新たな現象の持つ特徴、ことによるとその際立った特徴は、以前よりも投網の幅を広げている点にある。それは、自己目的的な暴力の模倣に抵抗し反対している人々からも新人を調達しながら、将来の見通しが暗い人々に意味（もちろん、高貴で気高い意味）を与えられる「大義」を求めているためである。大義を掲げることによって、出来事の持つローカル性を超えることができる。言い換えれば、波が高まって広い空間にまで溢れ出ることで、無数の人々に影響を及ぼすことになる。つまり、その大義は宇宙戦争（世界観戦争）や、最終的な善と悪との闘い、巨人同士の闘いや、生死を賭した闘争、消耗戦、そして最終戦が設定するパターンに近いものであり、あらゆる戦争を終わらせる戦争と、あらゆる敗北を不可能にする勝利に行き着くものである。

これによって、私たちは「自殺テロ」現象（これ自体が一種の模倣であり、その遠距離版であり更新版である）、つまりは第二次世界大戦中の日本の「カミカゼ」の「新型改良版」（その壮観さと心理的な効果の範囲と期間から考えると「改良版」）に引き寄せられる。しかし、ここで、大義に殉じようとする人々（そのほとんどが若い男女）がそれを行う理由は、狂信的なイデオロギーや全体主義的な圧力のためではなく、過酷な生活条件や人生の見通しがたたないためである。彼らが進んで自らの命を犠牲にしようとする行動は、全体として権力者が自らの主要な社会的支配戦略として採用し、好都合な統治技法として採用している排除政策に支えられている面がある。それと同時に、国家機関の規制作業を市場の気まぐれに任せることや、今や（ほとんどのケースで、非常に不十分な）自らの資源だけを頼りに生活上の諸問題に取り組まざるをえない「個人」の手の届かない、機関や集団に外注する政策によっても支えられている。スタンリー・コーエン〔英国の社会学者〕が自らの先駆的研究『社会統制の構想 *Visions of Social Control*』で指摘しているように、

福祉の削減と「コミュニティ」に対する幻想の結びつきは、病人や能力のない人々、障害のある人々が社会からの建設的な介入をほとんど受けていないことの表れである。公的な福祉と民間部門のすきまに追いやられた彼らの居場所は、彼らに寛容ではなく、彼らの面倒も見ることのできないコミュニティである。新たな機関は、犯罪者や非行者は取り締まろうとするものの、犯罪や非行が発生している広範な社会的背景（階級、人種、権力、不平等）にはほとんど目を向けようとしない。[18]

今日の暴力の増大、とりわけ恵まれない貧しい都市部で非常に激しい暴力が横行している原因は支配的な消費文化の拡大にあるという十分裏づけのある認識が広がっている。ほとんどの「正常な」メンバー、つまりは礼儀正しくて善良な社会のメンバーは、自分たちを攻撃する人々と同じように、そうした消費文化の中に生まれ育って、そこに参加するよう訓練され、勧誘されている。[19] 五年前に私がロンドンのルーイシャム暴動の余波について書いたように、

私たちはゆりかごから墓場に至るまで、商店とは、生活のあらゆる病気や苦しみをいやすか、少なくとも和らげてくれる薬で溢れる薬局である、と考えるよう訓練されている。おかげで商店とショッピングは完全に宗教的な性格を帯びるようになった。ジョージ・リッツアーの有名な言葉によると、スーパー・マーケットは私たちの寺院である。そうであるがゆえに、ショッピング・リストは私たちの祈祷書であり、ショッピング・モールでのそぞろ歩きは私たちにとっての巡礼であると言えよう。衝動買いをしたり、魅力がなくなったものを捨ててより魅力的なものに乗り換えたりするとき、私たちはもっとも熱狂する。消費の喜びが満たされることは、生活が満たされることと同義である。我購入せり、ゆえに我あり。買うべきか買わざるべきか、それが問題である。

欠陥のある消費者、つまりは今日の持たざる人々にとって、ショッピングを行わないことは、生活が満たされないという不愉快極まりない汚点であり、自分がとるに足りない無

能な存在である印である。喜びが失われているだけでなく、人間の尊厳も失われている状態にあり、人生の意味も奪われ、結局のところ、人間性や自尊心さらには周囲の他人を敬う根拠すら失われている。[20]

「生きるに値しない人間」という言葉はもともと、独裁的な支配者が、お荷物であり民族や階級や宗教に対する脅威であるがゆえに不適切で望ましくないとみなした人々に貼りつけたレッテルであった。今日、このレッテルを受け入れるか否かは、自業自得の状態におかれた個人の判断に「任される」ようになっている。この問題は独裁的な権力者による法令ではなく、個人の選択に委ねられているのだ。適切な理由により、耐えがたいだけでなく、ずっと変わらないと思われる条件下で生きるよりも、別の選択を好む人間が増えている。彼らにとって「有意義な死」を選ぶことは、意味ある人生へのよりよい（たいていは比較的ましな）選択肢、唯一の現実的な代替案なのかもしれない。テロリストの司令官が自己犠牲をいとわない従順な兵士の候補者としてリクルートするのはそうした人々であり、そうしたカテゴリーに属す個人である。リクルートする人間に残された唯一の仕事は、リクルートした人間を洗脳して自分たちが促す死に方とその時代的な意義を信じ込ませることであり、この仕事はかなり前に彼らの側に加わって、すでに生命の無意味さを納得している兵士たちによって、簡単に実行に移される。

想い起こせば、ホッブズのリヴァイアサン以前の世界、政治が存在せず政治によって生じる権力も存在しない世界は戦争の場であった。つまり、万人に対する万人の戦争の場であり、特定の誰かが引き起こすわけでもない戦争の場であった。そこでは、すべての男女がすべての他人に対して武器を持って立ち上がり、アンテナを伸ばしてあらゆる方向に目を光らせる必要があった。安全は見せかけであり、つかのまの静けさも敵の策略にほかならず、寝ずの番が必要なことを意味した。ホッブズの国家が出現する前の人間たちが火薬を持っていたなら、彼らはきっとどんな環境下でも（あらかじめそれを使用しようとしていた場合を除いて）、それを乾いたままにして、すぐ使用できる状態にしたことだろう。

私たちがうすうす感じているように（たとえ私たちがその感情に名前をつけることができなくても）、私たちの世界、つまり人間の絆が弱まり、政治的に構築された構造が規制緩和されて原子化が進む世界、政治と権力が分離している世界は、ふたたび戦争の場になっている。それは万人に対する万人の戦争であり、そうであるがゆえに、誰がしかけたかも分からない戦争である。その戦争は、明けても暮れても、個人同士あるいは（場合によっては）一時的な同盟や長期間の同盟を結んで繰り広げられている。市場、学校の教師、職場の上司、さらには私たちが生きざるをえないこの世界の教育と消費の現状を取材しているメディア、この四つが合体した力によって、私たちは、小さな子供のころからそうした戦争の兵士として生きるよう仕込まれ、促されている——今では国家が提供する制服すら奪われ、「競争する個人」と名づけられているが。

『ニューヨークタイムズ』のフランク・ブルーニが指摘するように、もっとも名声と権威があって、この世界の舞台を設定している指導的な教育機関である大学は「学生たちの価値観をゆがめ、彼らを競争の熱狂の中に引きずり込んでいる」[21]。私たちはみな互いに競争相手であって、誰もがすでに仮面をはがされてしまっているか、すぐにもはがされてしまう。「競争の熱狂」の渦中にある人々は、自分たちの火薬を乾燥させたままにし、銃身に油をさしている。つまりは常に手元に置いて使えるようにしている。

私たちは自分を頼るよう教育されている——これはいつでも準備万端の状態にあると言い換えることができる。そして、何か問題が起こって泥だらけの荒れ狂う水の中からきれいで穏やかな場に逃れなければならなくなったら、他の誰でもなく、自分を頼るよう教えられている。物事の秩序は私たち自身が作ったものではないかもしれないが、常にその管理人の役目を果たすのは私たち一人ひとりである。これこそ私たちが懸命になって果たそうと——むしろ、そうあろうと——している役割である。遅かれ早かれ、私たちのほとんどが次のような恐ろしい事実に気づくことになる。それはデイヴィッド・ブルックスが『ニューヨークタイムズ』[22]の同じ号で引用しているアナンド・ギリダラダスの指摘のように、「この困難な時代にアメリカ人を統合させるものがあるとすれば、それは、権力は自分がいる場所以外のどこかに存在するという感覚の広がりである」。ギリダラダスはこの普遍的な感情を「無力感の不安」と名づけている。ブルックスも引用しているピュー・リサーチ・センターが明らかにしているように、「あなたは勝ち組か負け組か」という質問に、アメリカ人の六四％が自分は負け組だと答えている。私が思うに、この回答を選んだ人の割合はかなり高いと言える。なぜなら、アメリカ人だけでなく、他のすべての人々が、自分の価値を自分の立っている地盤の強さで測るよう訓練されていて、先のような個人的な質問、つまりは「生きるべきか生かざるべきか」の自尊心版を尋ねる見知らぬ人々に対して、自分の不安定な地盤がどれほど脆弱か認めることは恥ずかしいと感じるよう教えられているためである。無力感とそれが引き起こす恐れや苛立たしさは非常に恥ずかしいことであり、ほとんどの人々が明らかにするのを嫌い、とらわれることを恐れている。少なくともアクトン卿〔一八三四—一九〇二、英国の歴史家・思想家・政治家〕以降のことわざが示しているように、絶対的な権力は絶対的に腐敗しているかもしれないが、このことわざを、規制緩和が進み、原子化されている今日の社会の条件に合わせて更新するために、ブルックスは、絶対的な無力感もまた絶対的に腐敗することを私たちに気づかせている。

今日、私たちが生きているのは孤立と原子化の世界であり、そこで人々は自らの体制に不信感を抱いている。そうした環境の下で、多くの人々は自分の無力さに対して無意味な自己破壊行為で応えている。たとえば、パレスチナ自治区の若者たちは、自分の将来を改善するために組織化することもなければ、政府に協力することもない。そして連日、イスラエルにさまよいこんでは、兵士や妊婦を刺そうとして、撃たれたり逮捕されたりしている。

彼らは、無意味で成功しそうもないテロ行為のために自らの生命を投げ出している。そうした力の行使がどれほど幻想であっても、それが解消される見込みのない無力感を相殺してくれることも確かである。そしてまた、有意義な人生が無残にも否定されていることを間接的に埋め合わせ、報いてくれると期待することができる（期待でき・な・い・の・に期待されている）。そうした期待の無邪気さをあざ笑う人もいれば、そうした期待を（叶えられないと思われながらも）叶えようとすることで支払う代償の大きさに戸惑いを覚えている人もいるかもしれない。そして、他の多くの人々は、そうした期待を、無情にも奪われてしまった自らの尊厳を取り戻す、唯一の現実的で達成可能な機会と受けとめるかもしれない。そして、ナイフを携行しているパレスチナ人は、人間の尊厳を否定するような迫害にさらされている人々の長大なリストの一例にすぎない。

富の物差しで測ったもう一方の側の人々、地球上でもっとも豊かで強力な国の市民であるアメリカ人は（デイヴィッド・ブルックスによると）「特定の犯人がいない複雑で手に負えない問題に悩まされている。技術の進歩に伴って労働者が追放され、グローバリゼーションと人々の急速な移動によってコミュニティが弱体化し、家族構造は崩壊している。それに加えて、中東では政治秩序が動揺し、中国経済は減速し、不平等は増大し、グローバル秩序にはほころびが出ている……」。

自分たちがどこで転落し、誰のせいでそうなったのか分からないアメリカ人のおかれた状況に比べると、少なくともすべての苦しみの責任をイスラエルの占領という共通の対象に帰せられるパレスチナの人々は幸せである、と言いたくなってしまう。同じように見通しも立たず尊厳も否定された状態にありながら、誰をナイフで刺したらいいのか分からない人もいる。こうした現代版ホッブズの世界の中での生活は、その地図がないか失われてしまっている地雷原を歩くことに等しい。周知のように、その地雷原は爆発物で満ちており、繰り返し爆発が起きているにもかかわらず、それがいつどこで起きるのか誰にも分からない。

したがって、私たちには本章のタイトルの末尾の疑問符を取り去る資格がありそうである。私たちは実際にホッブズの世界に戻っているか、いずれにせよ、そこに戻ろうとしている——現在、私たちが万人に対する万人の戦争という条件下にいるのは、全能のリヴァイアサンが不在なためではなく、おびただしい数の、おびただしすぎる数の大小のリヴァイアサンが混在している状態で、ホッブズの見解に従えば、そのために私たちの祖先がリヴァイアサンを招き入れて（あるいはむしろ呼び出して）統治してもらおうとした仕事を、リヴァイアサンが果たせないためである。そしてまた、リヴァイアサンの持つ欠陥（私たちの連帯のあり方が、新しいがすでに確立された条件に適応できないでいるという欠陥）を修正することのできるリヴァイアサンがどこにも見当たらないためである。

第2章　同族主義への回帰

「いつか国家が大きな地域社会〔ネイバーフッド〕になったら、地域社会が小さな国家になる可能性が高い。その構成員は組織を作って、部外者から自分たちのローカルな政治と文化を守ることだろう。歴史的にみると、国家が開かれているときにはいつでも、地域社会は閉鎖的で偏狭なコミュニティへと変化した」。マイケル・ウォルツァー〔一九三五―、米国の政治哲学者〕は三〇年以上も前に、それまで蓄積した経験を基にこう結論を下し、近い将来そうした事態が再現されると予測した。[1] 今では現在となっている「近い将来」に、彼の予想は的中し、彼が自らの主張を繰り返す根拠になっている。

国家はグローバリゼーションとそれに伴う権力と政治の分離を黙認することで大きな地域社会同然となり、曖昧な線が引かれた、穴だらけの、意味もなく強化された国境線の内側に閉じこもっている。その一方、中間権力の名残りとともに歴史のくず箱に入ると思われていた旧来の地域社会は、「小さな国家」の役割を引き受けようと奮闘しながら、疑似的なローカル政治や、かつては国家が監視の目を光らせていたもののほとんどを、「われわれ」を「彼ら」から切り離す（そして当然のことながら逆もまた真）独自の譲りがたい特権に変えている。

いったん、境界線を引いて堀をめぐらし、有刺鉄線の張られた壁を築く作業が始まると、「人々が指摘できるあらゆる違いが……集団の優位性を正当化するために用いられるようになる。銃愛好家たちは銃を愛するがゆえに銃を憎む人よりも優れており、銃を憎む人々は銃を憎むがゆえに銃愛好家よりも優れていると考える」、「なぜ集団同士の違いは常に優劣の関係になってしまうのか。同族主義（トライバリズム）が存在するのはなぜなのか」。「結局、同族集団（トライブ）の目的は誰を助け、誰を殺すかを決めることにある」[(2)]。

問題をナイフの刃先に載せて、その状態をしばらく維持するために選ばれる言葉は辛辣で極端なものになりがちである（この際に違いの解消や交配やゲル状化が起こる可能性もあるが、たとえ起ったとしても、何らかの目的を持って行われることは稀であり、望まれた結果であるケースも少ない）。問題をナイフの刃先に載せると、断固たる分断の言葉である「二者択一」が義務となると同時に自明なものとなり、それに代わる言葉である「いずれも」は不要になる。そして、二つの考え方のうちのどちらかを選んで取り消せなくなるのを防ぐ努力も払われなくなる。そうした環境の下では「誰も他人の言葉に耳を傾けることはない。自分が所属している集団の見解と異なる情報は無視される。人々は互いの言い分に耳を傾けなくなる。というのも、本当は相手の言い分など聞いていないからだ。自分たちの信念を支える情報は情緒的にも重要であり詳細に吟味されるが、他の情報はすべて廃棄される」[(3)]か、もしくは、決して許容しないことが望ましいとされる。

同族集団が暮らす地域では、対立する集団への説得や改宗は行われず、頑なに避けられる。相容れない集団のどのメンバーも自分より劣っていなければならず、その状態はずっと変わらないか（永遠に修正されず）、少なくとも自分たちより劣っているとみなされて、そう処理されなければならない。他の同族集団の劣等性は消すことも回復することもできない条件でなければならず、その拭いがたい汚点は拭い去れないものでなければならない――拭い去ろうとするのを拒む傾向がある。かつて、「われわれ」と「彼ら」への分断は以上のようなルールに基づいて行われていた。しかし、もはや反目する者同士の接触の目的も、その対立を解消するためではなく、解消は理屈にあわず問題外であるという証拠を集めたり編み出したりすることにある。優越心という殻に閉じこもった各同族集団の構成員は、眠っている犬を寝たままにして災いを避けるために、他の集団とではなく、過去と対話しようとする。

リュック・ボルタンスキー〔一九四〇―、フランスの社会学者〕は、新たに登場したヘゲモニー（支配的な）思想（アントニオ・グラムシなら現在の「同族主義への回帰」の流れをこう分類したかもしれない）について、そのフランス版「新しい支配的なイデオロギー、フランス版の新保守主義」に焦点を合わせながら、次のように説明している。

その特徴は反資本主義（アメリカの新保守主義とは異なる）、モラリズム、外国人恐怖症の共存にある。それはナショナル・アイデンティティの問題と、生粋の（そして善良な）フランス人と郊外に住む非道徳的で暴力的で危険な移民――とりわけ、福祉国家（フランス人の辛辣な呼び方では恩寵国家）の善意を悪用しようとしている移民――の対立に執拗にこだわっている。[4]

そして、新保守主義イデオロギーは、公式の寛容政策をゆるみにつながると非難してそれを退けながら、「警察権力の増強を求めている」とつけ加えている。

「同族主義が存在するのはなぜなのか」というローゼンブリットの指摘にならって、私たちは、しかし、「なぜ同族主義なのか」と尋ねてしまうであろう（また、そう促されている）。セリア・デアンカ〔イスラム金融やソーシャルビジネスの研究者〕が指摘するように、[5]「情緒性」が長い二〇世紀の亡命生活を終えて再登場した（彼女によると、「従業員の持つ多様性が生み出す力を利用」したい企業の新たな経営方針に後押しされている――あるいは悪用され、強化されている）理由は、新たな同族主義の波が驚くべき展開を示していることにある。「私たちが目にしている大きなパラダイム転換は、コミュニティで構成される社会からの独立欲求から、個人で構成される社会への帰属欲求の転換である」。

これを要約すると次のようになる。つまり、合理性の旗印の下に戦われた、選択制約型の社会的・道徳的な紐帯・義務・責任に対する近代の長い消耗戦の末に最終的な勝利（しかし、犠牲を払って手にした勝利）を収めたのは、自己同一性を主張し、自己主張する個人であった。しかし、やがてそれは割に合わない勝利であることがわかった――それは、（アイザイア・バーリンの矛盾する言葉によれば）「消極的に自由」な勝利者が、自らの嘆かわしいほど不十分な資源を放棄し、感情的にも干からび、「積極的に無力」な状態に置かれてしまったためである（つまり、外部からの支援もなければ干渉もなく、有効な行動や、苦労して手に入れた自己主張の権利を有効活用するのに欠かせない社会資本すら奪われてしまったためである）。そうした自由は、個人の立場の向上や従属からの解放のための戦争につきものの幸福な夢や魅惑的な約束につながりそうもなかった。個人の安全を犠牲にした自由はしだいにいい取引であるとは思われなくなり、その信用は失墜寸前の状態にある。

デアンカはこうした現状を楽観視している。彼女は、自らの「パラダイム転換」なるものを、激しい怒りの表情を持つ「コミュニティから構成される」社会への回帰ではなく、「個人が自力で思考する能力」と「集団への帰属の必要性」の間の悪名高い摩擦からの転換、あるいは少なくともそうした摩擦の徹底した解消に向けた飛躍と考えている。それは「対立する必要のない」ものである同族主義への後退というよりも、「同族主義を超えて」、（あるいはむしろ同族主義対反同族主義の二者択一を超えた）「個人意識を失うことなく、コミュニティへの全体的な帰属感覚」をもたらす「新しい形のエスニシティ」に向けた動きである、としている。彼女はそうした新しい動きを歓迎しており、そうした動きについて、すでにかつての同族モードにみられたものより情緒的な結びつきが弱い「変更可能なコミュニティ」モデル、言い換えれば「新しい形の同族主義」としてすでに機能していると考えている。彼女が自らの確信について詳細に説明する際に活用しているのが、「今日の世界の政治・経済組織」の中で生まれた概念であり、それは「そうした試みを支援する多くのプログラムを作成中の有名なコンサルタントたち」によって開発されたものである。ようするに、彼女は、今後世界中に広がる可能性のある、新しい経営哲学に賭けようとしているのだ。

経営にまつわる雑用を部下に任せること――「結果をもたらす」作業を、失敗に対する責任とともに、部下に「肩代わりさせる」こと、言い換えれば今日の「先進的な経営哲学と方針」は、帰属がもたらす安全性と個人の自律性の持つメリットという二つの事柄を結びつけることへの期待が広がる中で、メリットを増やしてデメリットを減らす絶好のチャンスなのである。今日の欺瞞的な経営用語である、わざと曖昧にして明確に定義しない「拡張可能なコミュニティ」という考え方は、主として「可能にする」を謳い文句にして販売しながら実際にはそれが不可能であることを隠す役目を果たしている。かつて、愛着や嫌悪、共感や反感、選好や嫌悪感、好き嫌いなどの個人の特異性や、その一貫性のない性質や動機や性癖は、工場や事務所の入り口のロッカーに収めておかねばならなかった。しかし今では、建物の中への持ち込みが許されているばかりか、持ち込むよう求めるすべての人々から称賛され、積極的に奨励されている。個人の特異性は従業員を評価する際に不可欠の要素とみなされる傾向にある。多様性が表明され求められる目標であるのに対し、同質性と反復的なルーティン作業は、非生産的で利益が上がらないとみなされて非難され、退けられるようになっている。

ヘンリー・フォードのベルトコンベアと組み立てラインや、フレデリック・テイラーの科学的管理法の時代は終わっている――しかし、それに代わって、個人となるよう指示されたり、個人のまま行動するよう指示されたりしている従業員は、企業の利益追求の「組み立てライン」向きの意図的に曖昧な仕事を任され、自力でその仕事に着手しそれを実行に移している。こうした、従来型の職場からの配置転換や、少なくとも労働時間内にとどまっていた抑圧からの重大な転換は、従業員の自己主張への意欲と、帰属のぬくもりに対するノスタルジア（今では個人による選択の承認と認可が前提であり、それを約束している）という二つの要求に同時に応えようとするものである。しかし、今日の徹底的に規制緩和された労働市場と労働条件の下で、そうした展開が本当にもたらすものは、まったく相互関係の保証がないばかりか、明確な規定もなく、経営版「コミュニティの年長者」の自由裁量に任せられ、期待水準に到達できないことに対する保証もない、「快適で」「拡張可能な［？］コミュニティ」に対する貢献義務に他ならない。

手短に言うと、需要が多い帰属のメリットも、規定されたような「コミュニティ構築」過程のどこかで失われてしまう。さらに悪いことには、企業は今や特定の仕事に適した労働者の労働力と特定の技術を一定期間購入する代わりに、特定の仕事と関連のあるすべての時間について、従業員の個人資産のすべてに対する使用権を主張することができる。さらに従業員に対して、契約書に書かれている作業内容だけでなく、明確な規定のない仕事に一日二四時間、週七日励むよう期待するようになっている。

両立しがたいものを両立させること、言い換えると「両方の世界（つまり、コミュニティと個人性）の最良のもの」を獲得したり、対照させたりすることで「同族主義を乗り超える」ことは、この時代の管理者や彼らのコンサルタントと同じく、怪しげなものであり、草の根の「同族主義への回帰」的な心情や考え方を利用しようとする試みに他ならない。いずれも、新しい経営哲学の専門家や管理技術の実践家によって視覚化され、追求すると約束されたよりよい社会のユートピアというよりはむしろ、企業経営者の力が及ばないところに根差す要素に由来するものである。

カール・マルクスは『ルイ・ボナパルトのブリュメール一八日』の中で革命の持つ謎について説明している。そしてそれは、未知の、まだ存在もせず試みられてもおらず、持ちこたえたこともないがゆえに、踏査されず、漠然と想像されているだけの未来への扉を開く一方で、博物館に収蔵されている古い衣服のレプリカや、マダム・タッソーの蝋人形館等に展示されている過去のヒーローが着用した（着用したと思われる）服の模造品をまとう、としている。

人間は自分自身の歴史を作るが、自分が選んだ条件の下でそれを作るわけではない。彼はそれを手近にある、所与の、過去から与えられた条件の下で作るのである。すべての死者たちの伝統は生者の頭上に悪夢のようにのしかかる。そして、ちょうど彼が自分自身と物事を改革し、それまで存在しなかったものを創造することに没頭している、まさしく革命的な危機の時代に、彼は不安げに過去の亡霊を呼び出しては、その名前や戦闘のスローガンをそこから借り受け、昔ながらの服装をまとい昔の言葉を使いながら、その新たな世界史の場面を演じるのである。

一九世紀フランスにおける一連の政治的混乱に着目したマルクスは、現在の扉を未来に開くに当たって支援を求めるために過去に目を転じるという、心理社会的な論理を解明した。

それは、ブルジョア社会がそうであるように、ヒロイズムに欠けているが、それにもかかわらず、自らを世界の中に引き入れてくれるヒロイズムや自己犠牲、恐怖心、内戦、血まみれの戦場を求めている。その剣闘士たちは、共和制ローマの厳格な古典的伝統の中に、自らの戦闘のけちくさいブルジョア的な内実を隠すのに必要な理想や形式や自己欺瞞を見つけ出し、自らの情熱を偉大な歴史的悲劇の高みに押し上げようとするのだ。(6)

実際のところ、本章の冒頭で短くまとめた同族的メンタリティの復活は、一貫性には欠けるものの存在条件の広範囲に及ぶ変容に対する、一般民衆の多少なりとも自発的な反応のように思える。一般民衆にとっての現在は、急速に変化する近代世界の中での過去がそうであった以上に（ディヴィッド・ローウェンタールの三〇年前の記憶すべき分析とタイトルにならえば）「見知らぬ国」と受け止められている。過去は非常に頑なことで知られ、繰り返しその住民たちをまどわせ、あわてさせた。言い換えれば、彼らを後戻りさせ、まごつかせ、混乱させていた。しかし、見知らぬ国であることが過去だけの性質ではなくなった結果、過去を現在から隔てる境界線はしだいに洗い流され、消え失せてしまった。もちろん、未来もまた見知らぬ国である――私たち同時代人の間に、過去からよりも、未来から自らを守ろうという関心が高いことも注目すべきことであるが。ようするに、未来という異邦を訪ねるのを楽しみにしている旅人の数は急速に減っており、今では、もっとも楽観的で冒険的な（そして、ある人々によれば、もっとも陽気な）旅行者に限られている。それに加えて、クリスマス・プレゼントよりも楽しい経験に満ちた未来を探そうとそこに急ぐ旅行者の数も急減しているようである。SF映画やSF小説も、ホラー映画やゴシック文学の部に分類されることが多くなっている。

今日、私たちは未来を恐れる傾向があり、その行き過ぎを抑えたり、それをあまり恐ろしくないものにしたり、多少はやさしいものにしたりする能力に自信が持てなくなっている。私たちが今なお惰性で「進歩」と呼んでいるものは、その概念を生み出したカントのそれとは正反対の感情を呼び起こす。つまり、それが呼び起こすものは、望ましいことが起こり、不都合なことが消えて忘れ去られるという喜びではなく、今にも大惨事が起こりそうだという恐怖心である。

「進歩」が話題に上るたびにまず思い浮かぶのは、すでに消えてしまった手仕事も含めて、知的なスキルが必要な多くの仕事がやがてなくなって、コンピュータやコンピュータに管理されるロボットに置き換えられるという予測であり、生存闘争が必要な険しい崖が立ちはだかっているという見通しである。ほとんどの調査によると、「ミレニアル」と呼ばれる、最近労働市場に参入し、成人として独立するという課題と、承認された社会的立場を求める際につきものの不確実性に直面している若者たちは、自分たちの親が手にした社会的地位を高めるどころか、失うことを恐れている最初の戦後世代である。そして、ほとんどの「ミレニアル」は将来生活条件が悪化すると予想しており、親世代の生活の特徴であり、親たちが自分たちに期待し、そのために働いた、生活向上への地ならしにはならないと考えている。全体として、とどまることのない「進歩」は、この世界における新たな成果や地位上昇を予感させる代わりに、喪失を暗示しており、それは今や前進や進歩ではなく社会的な地位低下を連想させるものとなっている。その一方で、ディヴィッド・ローウェンタールが以下の研究で指摘したように、(7)「進歩の望みは色あせ、遺産や伝統が私たちの慰めとなっている」。

ローウェンタールは「今日、なぜ遺産がこれほど重みを増しているのか」と問いかけながら、その回答を求めている。

回答は場所によってさまざまである……しかし、特定の人々だけに限定してしまうと、この非常に広範な現象は説明できない。ここには一連の現象が関わっており、その前提や約束や問題はまさしくグローバルなものである。これらの現象は、自分が家族と疎遠になったり、家族が地域社会から孤立したり、地域社会が国から疎外されたり、現在の自分たちが過去の自分たちから隔てられるといった現象を引き起こしている。こうした変化は生活のさまざまな側面、つまり寿命の伸びや、家族の解体、家庭環境の喪失、早まる陳腐化、大量虐殺、大量移民、技術に対する恐怖心の高まりによるものである。これらは、未来に対する期待を損ねる一方で、過去の再認識につながり、多くの人々の間に、自分たちには遺産が必要であり、その遺産のおかげであるという見方を浸透させている……喪失と変化に悩まされている私たちは、安定の名残りにしがみつくことで、かろうじて自らの姿勢を保とうとする。(8)

ローウェンタールが再三警告しているように、「無知は、距離と同じように、遺産を厳しい精査から守ってくれる」。しかし、無知と蒙昧にはもう一つの利点がある。「過去に対する称賛は事実というよりも信仰に基づいている」。
彼はその記念碑的で多角的な研究の結論として、「視野の狭い競争心は……遺産の性格そのものに由来する。私たちが最初であり最良であると主張すること、自分たちのものを称賛する一方で他の集団のものを排除すること、これが遺産の果たす役割のすべてである」。

遺産は集団の誇りと目標の拠り所となるが、それによって、善玉（われわれ）と悪玉（彼ら）の違いを際立たせることにもなる。遺産信仰、遺産関連商品、遺産レトリックは、とりわけ、私たちの独自の遺産が危機に瀕しているときに敵対心を煽る働きをする。根強い視野狭窄症は対立を生み出し、無知は互恵主義の妨げとなる。自分たちの遺産に酔い、他の人々の遺産に目を閉ざす私たちは、比較を避けるだけでなく、比較のもたらすメリットも失っている。

見知らぬ人々で溢れる地域社会は確実性が失われる目に見える具体的な兆しであり、生活をコントロールできなくなって漂流しそうになることを予想させる。見知らぬ人々は、私たち自身の無力さの兆しや悪夢の予感で眠れない夜に悩まされる日々の生活の中で、とらえどころがなくて、頼りなくて、不安定で、予測できない、あらゆるものの象徴である。見知らぬ人々に寄生された地域住民が（マイケル・ウォルツァーの言葉を想い起こせば）「組織を作って自分たちのローカルな政治と文化を守ろうと」し、それを「小さな国家」にしようとするのは何よりも見知らぬ人々（そして、明らかに異質な――外国人、移民）に対してであり、彼らを厄介払いするためである。しかし、見知らぬ人々を排除した未来の国家を手早く用意することなど選択肢になく、その可能性も少ないことを考えれば、そうした役割変更を行う際の手引きとして選ばれるイメージは、ほとんど過去から引き出されるものである（そうであった過去――しかし、そうイメージされる可能性がある過去、つまりは近すぎる「彼らの過去」によって損なわれていない、明確な「われわれの過去」である）。

いったん、未来を形成する力をはぎ取られてしまった政治は、集合的な記憶の空間に移動する傾向がある。その空間は非常に操作しやすく管理しやすいものであり、そうであるがゆえに現在とまだ到来していない時代の間で長らく（そしておそらく取り返しがつかないほど）失われてしまっている、この上なく幸福な無限の力を約束してくれる。非常に明確に、そうであるがゆえに私たちの自信と自尊心と誇りを大きく損ねるものは、私たちがそこから未来が芽吹くはずの現在を支配しておらず、それゆえ、未来をコントロールする望みなどほとんど持てない、という感覚である。私たちは、未来を形成する過程で、他人のチェス盤の駒になることを運命づけられているようである。したがって、罠や待ち伏せ攻撃に満ちた、不可解で、計り知れなくて、よそよそしい世界から、なじみがあって居心地の良い、ときには不安定だがさえぎるもののない、ある程度満足のいく記憶の世界に戻るとほっとした気分になる。私たちと私たちだけが持っている（つまりは使ったり悪用したりする）私たちの記憶の世界――私が「私たち」の一人であるがゆえに持っている私の記憶の世界に戻ると。

理屈の上では、未来は、変えようのない（起こる可能性のあることはすべて起こってしまった）過去とは違って、自由の領域である（そこではすべてが未生の状態にある）。未来は原則として柔軟であるが、過去は堅固なものであり、一回限りで固定されている。だが、記憶の政治を実践するという段になると、未来と過去は互いの態度を入れ替えるか、あるいは少なくとも入れ替えたかのように扱われる。過去の持つ可塑性と操作の可能性、その造形や再造形のしやすさこそが記憶の政治にとっては不可欠の条件であり、その正統性のほとんど自明の条件であり、永久に創造し直されることを黙認するものである。

現代社会において歴史的記憶の政治が持つ主な目的は、（「国民」と呼ばれる）集団が領土的な輪郭に縁どられた政治的正統性を持つ資格を正当化することにある――これが今度はナショナリズムの主要な願望と目的になる。アーネスト・ゲルナー〔一九二五―九五、歴史学者、哲学者、人類学者〕が注目すべきことを述べている。

ナショナリズムは何よりも政治的な原則であり、政治的な単位と民族（ネーション）の単位が一致しなければならないと考えている……われわれのナショナリズムの定義はそれに先立つ国家についての想定される定義に依存しているだけでない。ナショナリズムは〔領土

的な主権」国家の存在がすでに自明視されている環境にのみ生じると言うのが真実のようである。(9)

ゲルナーもつけ加えているように、国家と国民(ネーション)の結びつきは自然法則ではなく歴史的な偶然である。たとえ、ナショナリズムの持つ役割が前者を否定して後者を肯定することであり、そしてまた、「人間は、一つの鼻と二つの耳を持つように、ナショナリティ(国民性、国籍)を持たねばならない。これらの特質のうちのどれかが欠けていることがあっても、それは何かの災難によるものであり、それ自体が一種の災難である」という考えを、結果的に強化することになったとしても。

いずれにせよ、ナショナリズムは領土的な主権国家という考え方がなければほとんど考えられず、生じそうもない現象であった(この考え方は、一六四八年のウェストファリア条約における「属地信仰主義(領主(統治者)の信仰がその地の信仰)」の原則や、一八四八年の「諸国民の春」に始まり、一九一九年のヴェルサイユ講和会議でウッドロー・ウィルソンによって確認され、すべての実践的な目的のために「統治者の国がその国民の国」として再確認された)。近代のナショナリズムは権力闘争であり、その後もその状態は続いており、また、そうした権力闘争に際して熱烈に求められる柱であった。そしてまた、反乱や国内・国際的な軍事・外交摩擦の非常に魅力的な成果は政治的に独立した主権領域国家の保全であり、今なおその状態は続いている。もう一度ゲルナーを引用すれば、

「人間を分類するための自然で神から与えられた方法としてのネーション、固有のしかし遅れてやってきた政治的運命としてのネーションは神話である。ナショナリズムはときに既成の文化の形を借りたり、既成の文化をネーションに変えたりするが、ときにはそれを発明したり、しばしば既存の文化を抹消したりもする。ことの是非はともかくとして、それが現実であり、避けがたいものである」。

この避けがたさは、熱烈に望まれながら取り戻せないほど失われてしまった足下の地盤にたとえることができる。現在、それはメッセージを偽造し削除しようとする強烈な横波に揺さぶられている。『にせ物への信頼 *Faith in Fakes*』[10]所収の論文「メディアの増大」の中でウンベルト・エーコ（一九三二―二〇一六、イタリアの評論家、文学者）は指摘している。「私たちは今日のラジオやテレビがどんなものなのか知っている……各人が自分のリモコンを操作して自前の作品を作るために使用しているメッセージの数は制御できないほどである。しかし、「今日のマスメディアとはいったい何なのか？　テレビ番組――も確かにその一つである」。しかし、それは次のようなものでもあるのではないか。

新聞広告……「ブランドのロゴが印刷されるか刺繍された」ポロシャツ？　ここには二、三どころかそれ以上のマスメディアが介在し、複数の異なる回路を通じて活動を行っている……それでは、ここでそのメッセージを送っているのは誰なのか……ここにはもはや当局の目は光っておらず、すべてが自立的に作動している（それはどんなにほっとすることだろう！）……権力はとらえどころがないものであり、そしてもはや誰が「プラン」を練っているのか分からない状態であるが、［「プラン」はたしかにそこに存在し］、それはもはや計画的なものではないために、昔ながらの批判の仕方によってそれを批判することはできない。

エーコがここに引用した論文を書いたのは一九八三年のことである。ラジオとテレビがまだマスメディアの主役であったのは不思議なことではない。エーコがデジタル化されたウェブやWi-Fiやインターネット、タブレットの時代まで健在でこの論文を更新できていたら、きっともっと大きな困難に直面しながら多くの問題に明確な答えを出そうとしていたことだろう。かつて、情報は世界を判読できるようにし、未使用の道路の交差点に頑丈で嵐や洪水に強い道標を取りつけてくれると期待されていた。しかし、今やその仕事はキャスターに道標を乗せて移動しやすくし、指一本で簡単に「削除」キーを押せるようにする程度のことである――この機能は、混乱を極める世界の中に「安息の場」を求めているインターネット利用者からとくに歓迎され、好んで頻用されている。あらゆるパソコンに搭載されているこの機能のおかげで、利用者はメッセージを作成するのと同じくらい簡単に複数の回路のノイズからメッセージを選別できるようになっている――いずれのケースでも、同じようなリスクを伴い、「追って通知するまで」の状態にとどまってはいるが。そうした装置のついた世界では、衛星ナビの中に繰り入れられる地図はより頻繁に更新する必要があるが、それでも、ほとんどのドライバーは、それを古くなってしまっていると考え、かえって間違った方向に進みやすくなる。

皮肉なことに、過去は非常に便利でなおかつ多くの面で魅力的な安息の場作りの建設現場となっている。皮肉なことというのはつまり、過去が後からさかのぼって満たすことができない空間であり、取り消しのきかない達成された事柄の倉庫と思われているがゆえに、本来的に、メッセージを作る人間の自由を厳しく制限し、考えられる選択肢を厳しく制限するものだからである。もしも誰かが、レオポルト・フォン・ランケが述べた、過去の出来事を「それが実際に起こったものとして」研究するという要請に真剣に向き合い従うならば、多くの過去からの帰還者は自らの恣意的な選択を断念せざるを得ないだろう。さらに悪いことに、ランケ式の歴史記述が実質的に未完であることや、そうした解釈の違いにつきものの決定不能な点を考えれば、それらは「過去の事実」の中から正当と認められる「安息の場」を構築するという望みそのものを放棄せざるをえないかもしれない。しかし、こうしたことは起こらない可能性の方が高い。

逆に、過去の持つ癒しがたい不明瞭さや、過去の出来事についてのあらゆる選択が受け入れられてしまう解釈の複数性、さらにその結果として「実際に起こったこと」を包括的で一貫性のある語りに収めようとする試みがすべて未完に終わり論争の的になることは、歴史家にとっては不愉快なことかもしれないが、人々が自らの信念を守る塹壕を築こうとする際には、かえって過去の持つ利点となる。敵対する人々が投げかける議論にどれほど説得力があっても、合意が得られないことや、それらの語りを最終的な検証に委ねられないことが、固い信念を持つ人々を、自らの信念に対する固執に駆り立てることになる。

本当のところ、ディベートの目的は合意を得ることではない。そうではなく、自分が救いがたいほど「問題の事実」に盲目であり、大きな殺意を抱いていることを、相手方に示すことにある。悪意に基づいて判断するなら、自らの誠実さを示すことなど不要になる。相手方の言い分に耳を傾けることは決して勧められず、彼らに対する共感は命とりにつながる自殺行為に等しい不手際であるがゆえに、「相手方に反論する際には相手の言葉を使ってはならない」。ジョージ・レイコフは政治的な場面やその舞台のそでにいる意欲的な「俳優」にこう警告している（ノーベル経済学賞受賞者ジョージ・レイコフが『象〔共和党のシンボル〕のことを考えるな *Don't Think of an Elephant*』の二〇一四年版の中で「言葉の微妙なニュアンスに対する言語学者の注意力を近代政治の複雑さの理解」と結びつけたことを、カリフォルニア大学のジェフリー・ニュルンバーグは、「天才の仕事」[11]と称賛している）。政治的なアクターの間で広く受け入れられている神話とは逆に、コミュニケーション回路を利用する者は、前もって「彼ら」と記されている（つまり、前もって「われわれ」の敵とみなされている）メッセージが届いた場合、たとえそれが自らの利益に叶うものでも、それに耳を塞ごうとする。「そうしたメッセージに耳を傾けることは、『われわれ』のアイデンティティに対する裏切りであり、われわれの決意を鈍らせ、われわれが属している世界の基盤そのものを弱める恐れがある」からだ。「人々は常に自分たちの利益を優先するわけではない」とレイコフは警告する。「彼らは自らのアイデンティティや、自分たちの価値を支持する。彼らは自分たちがそれと同一化できるものを支持し、自分たちの利益と自己同一化する可能性もある。それは起こりうることである。彼らは決して自らの利益に配慮しないわけではないが、自らのアイデンティティにはこだわる。そして、彼らのアイデンティティが自らの利益と合致する場合は、彼らはそれを支持するであろう。その点を理解することが重要である」。

レイコフは次のように付け加えている。そうでない場合には、「事実が耳に入っても、すぐ外に出ていってしまう。それは聞き入れられることもなく、事実として受け入れられることもなく、私たちをとまどわせるだけである。誰がなぜそんなことを言ったのか？　次に私たちは、その事実に対して、非合理である、常軌を逸している、ばかげている、などとレッテル張りする」――そして、私たちはそのレッテルを、それを語る人々にも広げようとする。「彼らがそのレッテル通りの人間でない場合でも」。

自らのアイデンティティにこだわるあまり自らの利益を犠牲にするという驚くべき現象については、フリードリッヒ・ニーチェの次のような説明もある。「ようするに、より高い要求を掲げた、より気高い存在でありたいという昔からの感情は人をむしろ冷静にし、良心を穏やかな状態にする」。そしてまた「利己主義《エゴイズム》も後ろめたいものではない」――それは単に「他人の苦しみを知らねばならないが、それは決して完全に分かるわけではない」という事実にすぎない。その後で次のように続けている。

そもそも悪意は他人を苦しめるためのものではなく、自分自身の喜びのためのものである……どんないじめも、それが他人に向けて自分の力を解き放つ喜びや、優越感という喜びを味合わせてくれる……［重要なことは自らの］優越性であり、それはたとえば、いじめているときの他者の苦しみの中にのみ見出すことができる。(12)

ニーチェは、ヨーロッパ文化（西洋、いやその可能性と進行中のプロセスという面ではグローバルな文化）における初期段階でいまだ形をなしていない地表下の価値論の流れに対して優れた感受性を示したと称賛されたが、フェイスブックやツイッター、マイスペース等の存在する世界を思い描くことはできなかった。つまり、人間同士の絆の創造と破壊行為、生活世界の中への他者の包摂や排除、さらに全体として「われわれ」と「彼ら」の間の線引きがちょっとした指の動きで可能になる世界を思い描くことができなかった。そうした世界は誰もがいつでもアクセスできるものになっている。そこでは、「他人に対して自らの力を解き放つ」可能性、言い換えると、「自らの優越性という喜ばしい感情」を味わう機会は無限大になった。それらもまた道徳的な評価の領域から美学の領域へと移行している。つまりはカントが指摘した私心のない非道具的で自己目的的な経験の領域に移行している。非難が注がれる他者に割り当てられる主な役割は、自らの優越性に対する渇きを癒す対象になることである。デジタル化された中傷と悪口のケースでは、その匿名性や、起訴できないこと、非難もされず、罰せられることもないおかげで、そうした自己満足を求める方法の持つ魅力は大きく膨らむことになる。

リンディ・ウェストが二〇一六年三月一一日付の『ニューヨークタイムズ』で報告しているように、「レイシストであるよりもレイシストと呼ばれる方が悪いと考えている人もいる」が、多くの人々はそうしたデジタル手段を神の贈り物と受け止めている可能性が高い。ドナルド・トランプの熱狂的な支持者の悪名高い集会で、(「怒り狂った、激情的で、疑い深い」)ケンパー氏なる人物は次のように告白している。「この国は、親や祖父母らが持っていた昔の価値観を取り戻す必要がある」。「何か悪いことをすれば叱ってくれたし、指摘してくれた」[13]。そうであるなら、マイクロフォン程度の機器を使って一般の人々に率直に話しかけることで、それまでプライバシーを守られながらスマートフォンで話したり、タブレットのキーボードをたたいたりして、匿名で表明されていた考え、つまりは、トランプ氏をオンライン化された国民から支持される存在にする上で重要な要素となった考え方は、退けられるだろう。

ハーヴァード大学のダニ・ロドリック教授の「社会的ヨーロッパ *Social Europe*」[14]の中の記事のタイトルが示すように、トランプ氏は「怒りの政治家」という一大カテゴリーのほんの一例にすぎない(その華々しさと悪名高さでは際立っているが)。「超グローバル化経済と社会的統合の対立は切実なものである」とロドリックは述べている。「そうしたプロセスの中でこの二つの政治的な亀裂は拡大していく。つまり、国家としての独立性やエスニシティや宗教をめぐるアイデンティティ分裂、そして、社会階級間の所得格差は拡大の一途をたどっていく。ポピュリストは自らの魅力をこれらのカテゴリーのうちのどれかから引き出している……いずれのケースにもみられるのが、怒りの対象になりうる明確な『他者』である」。「ポピュリストの持つ魅力は、排除された人々の怒りを代弁していることにある」。

そうした環境の下で、永遠に怒りをくすぶらせておくことは、ポピュリストが成功を収めるための最良のレシピとなる。つまり、排除され見捨てられた人々の怒りは、そこから豊富な政治的資本を引き出すことのできる豊かな鉱脈なのだ。そして、そうした資本を活用して人気を高めるための方法が「誤解を招く、危険なもの」になりがちであっても、近い将来その鉱脈が尽きる可能性はほとんどない。アウシュヴィッツやトレブレンカの火葬炉で焼却された死骸と違って、それを燃やすには余分な燃料は必要ない。いつもくすぶり続けている怒りそのものが熱を発するからだ。

それにもかかわらず、自由に行き交うグローバル・エリートと地上に固定されたローカルな人々への分断が特徴であるこの世界、そしてまた排除されそうな状況下での怒りや恐怖心に満ちたこの世界に生きる多くの貧しく見捨てられた人々にとって、壁を建設し、国境の警備を強化し、外国人予言者の引き渡しを呼びかける「同族主義への回帰」政策（ヴァディム・ニキチンが指摘した[15]は、「憎しみと分断というよりは、（むしろ）避難所と同情」であると言えよう。実のところ、それらが予示するものは、一部の人々（「われわれ」）のための避難所と、一部の人々（「彼ら」）に対する憎しみなのである。辛辣で好戦的で粗暴な同族集団の行動は、「コミュニティ」を守るという仮面を被っている。そしてコミュニティは、彼らがたとえごまかしであろうと約束している安全と同じように（レイコフの言葉を借りれば）ヤヌスの顔をした「枠組み」である。つまり、一方は微笑みを浮かべた混乱からの自由の顔、他方は不機嫌で憂鬱な降格と排除の脅しの顔をしている。セキュリティのメタファー（「封じ込め、つまりは悪人を中に入れないという意味でのセキュリティ」[16]）から思い浮かぶものは、レイコフが指摘するように、（私たちの）国境線を確保し、彼らを空港に足止めさせ、（彼らの）武器を取り上げ、司令官らを機内にとどめておくことである。

ほとんどの専門家は、そうした措置はすべて無効であり、頭のいいテロリストはどんなセキュリティ・システムでも潜り抜けてしまうと考えている。しかし、外国人ではない一般の人々の印象と信念が有効である限り、そうした専門家の意見はほとんど重要ではない。重要なのはその枠組みが私たちの知的活動に及ぼす力である。つまり、「そうした枠組みは、私たちがこの世界に対する見方を形作る知的構造である。その結果、それは、私たちが求める目標や、私たちが作成する計画、私たちの行動の仕方やその結果の良否を形作る」[17]。そして、「コミュニティ」の枠組みが形作るものはこの世界についての像（ヴィジョン）であり、この世界における私たちの存在のあり方である。その世界は統合と分断を密接に結びつける。つまり、家庭の居心地の良さと外部にいることの不安、内部の親密さと外部の疎外感や疑心暗鬼や警戒心を結びつけるのである。今日、こうした像（ヴィジョン）と存在のあり方は、ナショナリズム現象に集約されている。

ネーションとナショナリズムに関する英国の指導的権威として知られるアンソニー・D・スミスは次のように問いかけている。「なぜ、激しいナショナリズムの炎がふたたび噴き出しているのか。第三帝国の『神々の黄昏』の中で燃えつきたと思われていた四〇年後の今になって」――「ナショナリズムの炎は決して衰えることはなく、その恐ろしい結末に対する私たちの罪の自覚によって、ほんの少しの間、視界から消えただけだった。[18] 西欧においても、エスニック・ナショナリズムは社会民主主義と自由主義の姿を借りて生き延びた」。そのため、スミスは、「ネーションとナショナリズムは近代世界の中で唯一の、自由な社会の現実的基盤である」という結論に至った。

しかしながら、ネーション、国家、領土主権の「枠組み」が機能している限り、それらはすべて、国境が交差し、国境の柱と入国管理官によって強調される世界の中で生きる確固たる経験（少しも減少せず、色褪せることもない）に依存していると言えよう。この経験は、「われわれ」と「彼ら」のテーマ（あるいは実践的な言葉を借りれば分断を通じた統合、さらには統合を通じた分断というテーマ）に関する広範なバリエーションの原料になっている。アンソニー・D・スミスが述べているように、「どんな文化的要素でもネーションの識別マークや記章の役目を果たすことができる――それがどんな環境で選ばれるかによって大きな違いが出るが」――研究者の中には、「ナショナリズムについての一貫性のある学説」の可能性そのものを否定するものさえいる。スミス自身はそのかなり手前でとどまっていたが、それにもかかわらず、彼はあらゆるナショナリズムの唯一の共通点として、『ネーション』の一部構成メンバーによる、「人々のために自律と団結とアイデンティティを獲得し保持することを目指すイデオロギー的な運動」を挙げている。

ここに引用した主要作品の中で、スミスはたった一度だけ偉大なノルウェー人人類学者フレドリック・バースに言及している。それはネーション問題へのアプローチの中での「モダニストの誤謬」に関する一章でのことである。スミスは、包括的な議論を行うこともなく、文化的差異よりも社会的境界線の方が重要であるというバースの主張を退けている（バースが「社会的境界線の誤謬」に陥ったという嫌疑は免れるとしながら）。そのスミスも、バースが「エスニック・アイデンティティはある意味であらかじめ存在しており、『向こう側』にある」と信じている限り、彼は「単なる道具主義者でない」ことは認めている――「向こう側」が何を意味するかは別にして。

事実、バースが創設して率いた学派と、私が完全に同意するその基本的な考え方は、文化的差異に対する関心を社会的境界線の実践とみなす点で際立っている——彼の重要な研究の題名そのものが示しているように。バースのアプローチを彼自身の言葉で表現すると、「エスニック集団の形態と関係の予型論を乗り越えるのではなく」、「エスニック集団を生み出し維持しようとする異なる過程を探り出そうとしている」点と、「調査の焦点を内部の制度やばらばらの集団の歴史からエスニック境界線や境界線の維持」[19]へと移行させている点で、他のアプローチとは異なっている。ネーションの問題を研究する学生の間で「共通の文化を持つことが一般にもっとも重視されている」と指摘したバースは、「この重要な特徴をエスニック集団組織の決定的な特徴とするよりも、一つの暗示や結果とみなす方が、多くのことが得られる」と断言した。こうした見方によって、研究の重要な焦点は、それが囲い込む文化的内容ではなく、集団を規定するエスニックな境界線へと移行している。私が完全に一致するバースの見解では、他者を文化的に異質な存在とすることは、共通の理解には限界があることを認めることに基づくものであり、「交流の範囲を想定される共通の理解と相互利益だけにとどめる」ことを意味する。

エリック・ホブズボームは一九九〇年に刊行されたその古典的な著作『一七八〇年以降のネーションとナショナリズム——プログラム、神話、現実』の二〇〇六年版の一三刷の中で、「一九九〇年初頭に本書の初版が出て以降、この世紀のどの時代よりも多くの国民国家が形成されるか形成の途上にある……今日すべての国家が公式に「ネーション」であり、すべての政治的な扇動活動が外国人を排斥する傾向があり、すべての国家が事実上、急いで彼らを排斥しようとしている」[20]と述べている。

その「彼ら」は、歴史上人々の生活がもっとも急速かつ根本的に変化した四〇年後に私たちの多くが感じている、あらゆる不平不満や不確実性、方向感覚の喪失の責めを負うものであり、負わなければならない。それでは「彼ら」とはいったい誰なのか。それは明らかに、また当然のことながら、「われわれ」ではないものであり、彼らの異質さそのものによって敵である、見知らぬ人々のことである……仮に不正な策を弄するような外国人が存在しなければ、それを作り出す必要がある。しかし、この千年紀の最後の時点で、彼らを作り出す必要などほとんどない。彼らはいたるところに存在しており、私たちの町の中にも見つけることができるからだ。彼らは、公共の安全に対する危険や、汚染の張本人として、私たちの国境や統制を超えて偏在し、私たちを憎み、私たちに対する陰謀を企んでいる。

ホブズボームはナショナリズムの爆発を宣言するまでには至らず、地球上の人類がすでに、他に選択肢のない自然で「客観的な」歴史法則の産物に分割されていたものに、新たな政治的に自立した単位――あるいは譲渡できない種規模の存在の仕方――を加える作業に、精力を傾けている。それとはまったく逆に、彼は繰り返し、この爆発は結局のところ、人間の選択の結果であるとも主張している——そして、選択が本来そうであるように、それは多様でありうるとも述べている。「一九八八年から九二年にかけて分離主義が高まった理由を説明するもっとも簡単な方法は……『一九一八年から二一年にかけての作業が未完に終わった』ことであり」、「皮肉なことに、レーニンとウッドロー・ウィルソンが共有した『ネーション（民族）』の定義とそれに対する熱望が自動的に分断線を生み出すことになり、そして、それに沿って各国が……分断されたことである。それはちょうど、一八八〇年から一九五〇年にかけての植民地の境界線が、そこに他の人間が立ち入れない、植民地主義後の国家の境界線を生み出すことになったのと同じであった」。言い換えれば、選択の余地なしの状況をもたらしたのは人間が行った一連の選択であった。(21)

ヴェルサイユに集った世界大戦の戦勝国が各民族の領土分割と主権を普遍的で世界中を拘束する原則として受け入れる前に、事実上、もう一つの選択肢があった。当時、この原則の上に築かれる世界秩序は、終結したばかりの戦争を、長い一連の血みどろの民族間対立の最後のものにしたいと願った。つまり、将来のあらゆる戦争（皮肉なことに、ウッドロー・ウィルソンが考え出した解決策が世界史上もっとも血なまぐさい戦争への道を開くことになった）を防ぐための戦争にしようとしたのである。

そのもう一つの選択肢は、ハンナ・アーレントが「多民族のベルト」と呼ぶヨーロッパの各地で浮上した。そこでは何世紀もの間、数多くの民族、宗教、言語を持つ人々が隣り合わせで暮らしてきた。ヴェルサイユの公式（一六四八年のウェストファリア条約から生まれた）がそこに適用されることになれば、当該領土内の数多くの言語や宗教やエスニックな文化伝承のうちのどれを、将来予想される政治的単位の中の人々を束ねる基準とすべきか、まったく分からなかったはずである。それぞれの考えが激しく対立することが予想された。もう一度アーネスト・ゲルナーの『民族とナショナリズム』を引用すれば、

> ナショナリズムの強さに触れるのが通例になっているが、これは大きな誤りである。ただし、ナショナリズムが定着するときにはいつでも、他の近代的なイデオロギーを簡単に押しのけて広がる傾向があるので、そう考えるのも無理はないが。
> にもかかわらず、ナショナリズムを理解する手がかりは、少なくともその強さと同程度に、その弱さにある。シャーロック・ホームズにとって決定的な手がかりとなったのは、吠え損なった犬であった。吠え損なった潜在的なナショナリズムの数は、実際に吠えたものよりもはるかに多い。たとえ、後者の方が私たちの関心を引きつけてきたとしても。

ゲルナーの「大まかな計算」によると、「一〇個の潜在的なナショナリズムにつき、有効なナショナリズムは一個しか存在しない！……すべての有効なナショナリズムにつき、n個の潜

在的なナショナリズムが存在する……それは、それらの潜在的なナショナリズムを活性化することに失敗するか、それを活性化しようともしない」（ゲルナーが計算した三〇年後にコメントすると、「n」の値はほとんど縮小してしまっている――地球全体でみると速度はまちまちだが）。「領土的主権」のすべて、あるいは少なくともその大半を幻想に変えてしまう相互依存のグローバル化に伴って、領土的な政治的単位に権利を付与する基準もしだいに、しかし着実に簡便なものになっている。こうした環境は「同族主義への回帰」の傾向を加速するもっとも強力な要素の一つになっている。

かつてもっとも有名な「多民族のベルト」の一つであったのがオーストリア・ハンガリー帝国であり、代替案が浮上し、徹底した議論が交わされたのが、この国の社会民主主義的な部門であった。その代替案は諸民族の文化的な自律であって、領土的な自律でも国家・政治的な自律でもなかった。それを要約すれば、くだんの選択は結局のところ、「パーソナリティ原則」（ネーションとの自己同一化は個人の選択の問題であって、国家による行政的な割り当ての問題ではなかった）との結びつきに従って、「ネーションの問題」を領土の問題から切り離す結果となった。この選択を促す一連の出版物の中でも代表的なものが、オットー・バウアーの『民族問題と社会民主主義』[22]（一九〇七）であろう。

にもかかわらず、新しい領土的に分割された区画――しかし、「外国人に反対する傾向がある」という共通点がある――の激増は決して新しい現象ではない。事実、ホブズボームが指摘しているように、ゲオルク・ジンメルもそれについて次のように記していた。「成員の団結が効力を持つためや、集団にとってその団結が重要であると意識するためには敵が必要だという考えは、一つの政治的な知恵かもしれない」[23]。事実、領土的な国民国家の政治的主権を支える主権の三つの柱（軍事、経済、文化）がことごとく、金融、商品取引、情報のグローバル化の台頭によって損なわれ、弱められ、無効になるにつれて、敵の同定こそが唯一の「政治的な知恵」となる可能性がある。この知恵は、数多くの意欲ある政治指導者が求め、見出し、活用しようとするものだが、その彼らが有権者に提供できるものと言えば、遠く曖昧な過去に根差すとされるものの、「彼ら」（私たちの玄関先に現れる外国人や見知らぬ人々）が企む巧妙な陰謀と極秘計画によってのみ確認される「統一意識」だけである。私はすでに『ニューヨークタイムズ』のブラッド・エヴァンスによるインタビュー「ザ・ストーン」の中で次のように説明している。「現在ヨーロッパを飲み込んでいる難民危機は迫害からの避難の歴史にとっての新たな一ページだと思いますか、それとも何か違うことが起こっているのでしょうか」というエヴァンスの質問に対して私は、本当のところ、「それはまだ新たな一ページではありません」と答えた。こういうケースの常として、その内容に新たな一ページが加わる可能性もあるが。

近代において大規模移住は新しい現象ではないし、異常で一回限りの環境によって促される散発的な出来事でもない。本当のところ、それは近代的な生活様式につきものの現象であり、秩序形成と経済的な進歩という二つの特質（地元で仕事がみつからず許容もされないがゆえに、避難所や、祖国を離れた約束された生活の機会を求めざるをえない「余分な人々」に解決策を提供する役目を担っている）に常に付随するものである。

移住者の一般的な旅程表は近代的な生活様式の拡大に伴って、その本来の地であるヨーロッパから他の地域に方向が変わっていることも確かである。ヨーロッパがこの地球上で唯一の「近代的な」大陸であった当時は、余剰な人々はいまだ「近代以前の」段階にあった地に投棄され続けており、入植者や兵士、植民地行政の担い手として再生利用されていた（植民地帝国主義の絶頂期に六〇〇〇万人のヨーロッパ人が祖国を離れて南北アメリカ大陸や、アフリカ、オーストラリアに向かったとされる）。しかし、二〇世紀の半ばになると移住の方向はUターンを示すようになった。ヨーロッパを中心にして考えると、それは遠心的なものから求心的なものに変わったことを意味する。しかし、今回、移住者たちは武装していなかったし、自分たちの目的地を征服するつもりもなかった。植民地主義後の移住者たちは、かつての植民地主義者による大規模な近代化によって破壊されてしまった伝統的な生活様式を捨て去って、旧宗主国の国内経済のすきまに住処を作る機会をうかがっている。

しかし、それに加えて、内戦や民族紛争や宗教紛争のために祖国を追われる人々の数が増え続け、旧宗主国から提供される膨大な量の武器――標的を求めている武器――を除けば安定の見通しがほとんどたたない、主権とは名ばかりの人工的にねつ造された「国家」に入植者が取り残された領土の中では、強盗団が横行している。西欧列強の計算違いの近視眼的な政策や軍事的な冒険の余波が収まらない中で、中東地域が不安定化していることは特筆に値するものだが、それは決して特殊なケースではない。事実、アフリカの大部分――南回帰線の間の熱帯の帯――は大規模難民工場に変貌している。

大量移民の性格と結果に関する主導的な研究者であるミシェル・アジェは、現在の予測では今後四〇年間に一〇億人の「難民」が発生するとし、「資本、商品、イメージのグローバル化の後で、ようやく人間のグローバル化の時代が到来しつつあると警告している［傍点は著者］」[24]。しかし、難民は自らの居場所を持たず、正当に主張すべき場所も持たない人々である。アジェが指摘するように、明確な到着地点も設定せずに行われる旅そのものによって「非場」が恒久的な場所となる。つまり、彼らはいわば共有されるべき世界の中に居場所を持たない人々である。しかし、これらの難民の「非場」（たとえば、ローマやミラノの鉄道駅やベオグラード中央公園など）は、私たちのような、不幸な運命の一撃によってではなく、選択によって自由に旅する幸運な「ネイティヴ」が暮らす地域社会の中にも存在する。彼らの姿をテレビ画面という安全な距離を隔てて見るのではなく、対面的な距離で目撃することは衝撃的な体験であり、それは家庭内に世界的規模の混乱を持ち込むものである。不愉快な副作用をもたらすグローバリゼーションはもはや「向こう側」にではなく、私たちが暮らす街頭や、私たちが職場に向かう道や通学路にも存在する。

しかし、重要な点は、自国の領土の安全のためにとフェンスで囲い込んで、グローバルな災いを遠ざけることができたからといって、家庭用のシェルターに隠れて核戦争の結果を避けることなどできそうもないということだ。グローバルな問題にはグローバルな解決策が必要である。他のどの解決策も問題を解消することはできない。それが私たち自身の裏庭ではなく他の場所で起こっているからというだけの理由で問題を放置し、悪化させるのは望ましくない。根本的で最終的な治療法は一国（どれほど大きくて強い国であろうが）の範囲を超えており、欧州連合のような国家の連合体すら超えている――私たちが「移民」をヨーロッパやアフリカやアジアに建設された収容所に閉じ込めようが、彼らを地中海や太平洋の海中に消えさせようが、事態は改善しない。

結局のところ、同族集団は（「原始的な」のものであれ「素朴な」ものであれ、カール・マルクスにとって時代遅れの社会主義者が「ユートピア的」に思えたように、ネーションを促進しようとする知識人には、科学的な目を持つ批評家による根本的な改定や焼き直しが必要な、何世紀にもわたる自己欺瞞の産物のように思われた――あるいは「合理化された」「ネーション」の衣服をまとっているがゆえに、「新しくて改善されている」ように思われた）、人間の生産物であり、あまりにも人間的なものであって、人間の共通の存在条件を人間の感覚によって把握できて、理解可能な「理性の足場」の一つに仕立て直す必要があるものである。

人類の誕生以降、こうした仕立て直しは人間世界を「われわれ」と「彼ら」、言い換えれば道徳的義務の世界の内側と外側の人々に分断することで達成されてきた。レヴィナスが指摘するように、こうした分断は、「他者に対する絶対的な責任」によって支えられる「社会内存在」のあり方を、あらゆる人間の共生を促す原則と要請にしようとする継続的な努力にとって欠かせない一環であった（今なおそうかもしれない）。すべての人間や他のすべての人間に対する絶対的で無条件の責任という原則は聖人のために作られたものであって、私たち、時間に拘束されているか、拘束されていると思われる、聖人にはるかに及ばない人間のものでない限り、分断はこの作業にとって必要な手段であった。

これまで、二つの同時並行的な圧力がこの作業の展開に影響を及ぼしてきた。一つは、狩猟・採集者から今日の国民国家の「想像された全体性」への「私たち」の量的な増大。もう一つは「文明化の過程」、つまり、常に拡大している「われわれ」の生息地の内部の「慣習の柔軟化」であり、その結果、絶え間なく増大する見知らぬ人々を認めて、受け入れ、吸収せざるをえなくなり、拒絶することがもたらす衝撃や、見知らぬ人々への本能的な敵対心や和らぐことのない嫌悪感を、「市民的な無関心」や言葉だけの象徴的な戦争に置き換えることになった。しかし、以上のような圧力も、数千年にも及ぶ「われわれ対彼ら」のゲームのルールを変えるにはほど遠い。現在の大規模な流入はまったく終息しそうもなく、量的な減少よりも上昇傾向の方が強く、そのため、私たちが懸命に努力している同族集団への回帰の準備はまだ整っていない状態にある。

一月一四日付の『ニューヨークタイムズ』でロジャー・コーエン[25]は、一八八〇年代から一九二四年の間に、米国はイタリアから四〇〇万の移民を受け入れたとしている。彼はブルッキングズ研究所のレオン・ヴィーゼルティールを引用しながら、次のように述べている。「私たちにはエンリコ・フェルミや、フランク・シナトラ、ジョー・ディマジオ、アントニン・スカリア、そしてアル・カポネがいる。イタリア系移民がわれわれの国にとって大きな恩恵でなかったと真面目に指摘する人がはたしているだろうか」。コーエンは続けて、

オバマ大統領は一般教書演説の中で、シリア移民レファアイ・ハモを「私たちの多様性と開放性」の証拠として紹介した……しかし、二五万人もの人間が殺された五年以上に及ぶ内戦で米国がシリア難民に示した開放性を考えると、この政治的な演出は非常に厚かましいものと言えよう。

米国が五年に及ぶシリア内戦中に受け入れた難民の数はおよそ二五〇〇名である（「祖国を逃れた四四〇万人のシリア人のうちのおよそ〇・〇六％」）。したがって、ハモは「米国の閉鎖性のシンボルといった方が適切かもしれない」――それ自体が加速度的な同族主義への回帰の証拠とするのにふさわしいとつけ加えておきたい。

前の記事の数日前の一月八日、同紙は社説の中で次のように述べていた。

新年以降、当局は家庭内に係員を送り込んで違反者の一覧を作り、確固たる境界線の原則を守ろうとしている。児童銃殺傷事件について非常に感動的に語った大統領がここでは、母親や子供たちをアメリカ大陸で最悪の国々［ホンデュラス、グアテマラ、エルサルバドル］への片道旅行に送り出す役目を担っている。現実的にも想像上も、われわれの安全保障にまったく脅威にならない母親や子供たちを。(26)

歴史的な出発点はさまざまでも、人間（遠くにいて接触できないか、手の届く範囲内にいるかは別にして）を「われわれ」と「彼ら」に分断する傾向や推進力は、これまで無傷のままであった――彼らが考案し促進している行動パターンは変わったかもしれないが。「人類」というまとまりが幻想、つまりは精神的にも実践的にも比較不能で理解不能なものである限り（私たちのコスモポリタンな意識が現在の私たちの生活のコスモポリタンな現実に大きく立ち遅れていることをめぐるウルリヒ・ベックの辛辣な評価を想い起こせば）、アイデンティティの探求――言い換えれば、内外の圧力と戦いながら、他の人々が住む世界の中に自分の居場所を求め、そこに定着しようとする努力、さらには自らの選択を他者の承認に委ねる必要性――は基準点を求め続けることになり、「好き」対「嫌い」や「帰属」対「外部性」など、ようするに「われわれ対彼ら」という図式は自己同一化の作業にとって不可欠の手段である（そして今後も長期間その状態が続く可能性がある）。

つまり、「われわれ」が存在するためには「彼ら」「われわれ」でないものが存在するか、呼び出さなければならない、あるいは最後の手段として想像しなければならない（そしてそれらは、あらゆる演劇や出し物や興行の際に、実際に存在し、発明され、指名され、想像される）。それに対して、またそれに反対して人々が同化する集団の規模が拡大することは、インサイダー（あるいはその一部）同士の相互作用の成熟（「文明化」）と同じく、質の変化ではなく、量の変化にすぎない――機能の変化ではなく、形態の変化である。

同族集団やネーションの構成員に対して、アイデンティティは（意識的に選ばれたか、暗黙の裡に受動的に与えられたか、生まれながらのものかは別にして）厳しい要求をつきつけてくる。つまりそうした集団への「帰属」は完全に「生きるか死ぬか」の性格を帯びており、交渉不能で無制限のものである。「集団の利益のために自らの生命を捧げること」は、それが国民国家という「想像された全体性」のケースにおいて帰属の最終的な試金石となったように、同族集団内の生活のあり方に欠かせないものとなった――近代的な編成は一つの行動原理を保持する一方で、それが大がかりに放棄したその同族集団の過去の遺産の中の余分な項目を否定する。いったんそれが余分になると、やっかいで逆効果ですらあるので、その厳しい行動原理はほとんど取り消されるか、沈黙させられる。大規模な徴用や招集が不可欠であった戦争を小規模な職業的軍隊の高度な運用に切り換え、過去の領土的な征服との結びつきを経済的な搾取の解放に置き換えた（それと密接にシンクロさせた）ことはその一例である。

しかし、「同族主義からの離脱」の物語にしろ、現在進行中の「同族主義への回帰」の物語にしろ、最近の情報科学・デジタル文化革命をその視野の中に収めないと、完全に理解することはできない。デジタル情報科学が、大規模かつ急速に成長している人間の日常生活の各分野に入り込んでいること自体は、技術の歴史の新たな一ページにすぎない。しかし、それが世界のどこでも入手できることや、完全にその移動が「脱領土化されている」ことは、それが今では私たちの身体の動きと同調していることと相まって（そして、事実上、ほとんどの人々にとって、切り離すことのできない、実用的な意図と目的のために、私たちの身体の拡張と切り離すことのできない――他のどの機器によっても達成されず、考えられず、試みられない性質となっている）、私たちの一連の選択肢を完全に変化させている上に、これまで目にしたこともないが今では現実のものとなっている、なじみ深い刺激に対する多くの目覚ましい反応を生み出している――その一方で、これまで目にしたこともないまったく新しい多くの刺激を生み出す能力を獲得したり、これまで試みられておらず、試されたこともない衝動や行動を解き放ったりしている。道具的合理性の論理の逆（「この道具は何のために使えるのか教えてほしい」と「これこそ私ができるものなので、私はそうする」）によれば、この新たな機会や可能性やチャンスは、自由に選択できる行動パターンの相対的な魅力に対する再評価、さらには全体として複数の選択肢の中から選ばれる一連の行為の可能性の革新へと導くものである。

しかしながら、電子メディアは、道具的合理性の論理がそのユーザーによってどう配置される必要があるか、あるいは配置されることになるかについては中立的である。ニューメディアは文化的な雑食性を選択するよう促す（そして同様に、それを支持する）。それは厳格でありながらも、情報収集、ネットワーク構築、コミュニケーションの面では気まぐれな選択を促す――これらの三つの事柄はすべて、このメディアが持つもっとも一般的な機能であり用途である。それは開放性とハンス・ガダマーの「地平の融合」を促すが、それも非効率的で不便で不快と判断したものをすべて締め出して閉じこもる程度のことにすぎない（それ以上のこともあるが）。入力を複数にすることとそれに厳しい制約を課すことも、以前よりはるかに容易になっている（オフラインの世界の内側にとどまっているよりも）。それは人間の選択を容易にしたり、それぞれの確率を操作したりする能力も備えている。しかし、その選択を決めることなどありえないし、一貫性があって堅実な作業を保証することももちろんなく、そのオリジナルのデザインと一致する形を作り出して受け入れるのをわざわざ見届けるようなこともない。

第3章　不平等への回帰

小説『シビル、あるいは二つの国民』（一八四五年刊）の中で、ディズレーリ〔一八〇四―八一、英国の政治家・小説家〕は、労働者階級の過激派ウォルター・ジェラードの言葉を借りて、次のように述べている。

二つの国民、その間には交流もなければ共感もない。互いの習慣や考え方、感情について無知であり、まるで別の国の住民か、別の惑星の住民のようである。別の家系の生まれで、別の食べ物で育ち、異なるマナーを身に着け、異なる法律によって統治されている。

この件について、この小説の主な登場人物チャールズ・エグルモントは「富める者と貧しい者」(1)という呼び方もしている。

その一六〇年後の二〇〇四年七月二八日、民主党全国大会の副大統領指名演説でジョン・エドワーズ上院議員は「二つの国民」のテーマをふたたび取り上げ、それを「持てる者と持たざる者」[2]と呼んだ。エドワーズは次のように述べている。「本当のことを言うと、私たちはいまだに二つの異なるアメリカに住んでいます……アメリカン・ドリームを享受している人々のためのアメリカと、日々の暮らしに追われる大半の人々のためのアメリカに。そうでなくてもいいはずなのですが[3]」。

　二つの国民の間の社会の現状や現実的な見通しについての評価や、そうした評価を行う際に直面する課題は、レトロトピア現象の由来を明らかにする上で大いに役立つ。先の小説の刊行後一六〇年余りのほとんどが、ディズレーリの証言を無効にすること、つまりは貧困撲滅の取り組みに捧げられてきた。第二次世界大戦後の「輝かしい三〇年間」、社会を分断する根強い不平等は根絶されると考えられ、その名残りにしても一時的なものとみなされていた。マイケル・カレキが「社会国家」の時代[4]の出発点である一九四三年に『ポリティカル・クォータリー』[5]に掲載された「完全雇用の政治的側面」で述べたように、「今や信頼できるエコノミストのほとんどが、資本主義体制の下でも、政府支出によって完全雇用は確保されると考えている[6]」。さらに、多くの有識者が、すべての人々に適切な賃金が保証される雇用を与えることで、許容できないほどの不平等——貧困線以下で暮らす大多数の人々が置かれている不平等——から抜け出せるという見方を支持していた。さらに、社会を富める国民と貧しい国民に分断する制御できないほどの不平等に対する最後の闘いを計画し、開始し、指揮するのは政府であると広く信じられていた。政府の監督や監視がなければ、望ましい経済的成果も挙げられないだろう。

政府がその持てる武器を総動員して貧困に対する戦いを指揮し、戦う必要があった。

数十年の間にそうした確信は自明のものとなり、その時代のすべての政治的党派が同じ考えを持つようになった。完全にまた本当の意味で、それは「左右を超えた」ものとなったのである。ただし、誰もが同じ理由でその輪に加わったわけではなかった。資本家側がそこに加わった理由は、資本と労働の切り離しがたい相互依存のためだった（労働者はその生活を資本に依存していたが、「ソリッド・モダン（固体的近代）」段階の資本は、その富の生産能力や再生産のために相当程度、労働者、なかでも現地の労働者に依存していた）。それに対して、労働者側は、将来も資本との売買取引を繰り返さざるをえない上に、買い手である資本家に対して自らの価値と魅力を高め、それを維持したいためにその輪に加わった。さらに国家もそこに加わっていた。そして国家の果たすべき役割は、ユルゲン・ハーバーマスが（夕暮れに羽を広げるミネルヴァのフクロウの故事に倣えば）資本と労働の「相互依存」の時代が終わろうとする一九七三年に刊行した『後期資本主義における正統化の問題』で説明したように、労働者と資本家の間の売買交渉を継続させながら、労働者に教育費や医療費、立派な住宅などを提供し、その買い手にとって魅力的な商品にすることだった。言い換えれば、良質な労働力の再生産費用を分担して、資本家にそれを購入させることが国家の役割だった。労働力を買いたい資本家と、それを売りたい労働者の間の定期的な協議の場で、それぞれに都合のいいような調整が図られた——あるいは少なくとも、別の選択肢よりもましだと考えられる解決策が練られた。それぞれの側がそうした解決策について尋ねられたなら、彼らはおそらく、ウィンストン・チャーチルが民主主義のことを「その他のすべての政治形態を除いた最悪の政治体制」と呼んだのと同じ言い方をしたことだろう。

資本主義国家が管理し、もたらしたこの資本と労働の蜜月状態ともいうべき休戦状態がなぜ突然終わったのかという疑問は、一般の人々の記憶の中でいまだに新鮮であり（どれだけ長く残るかは不明だが）、明確な結論を求めて熱心な議論が交わされてきた。その理由をめぐって多くの事柄が指摘され（今なお指摘され続けている）、多くの容疑者の名が挙げられている。しかし、グローバリゼーションが引き金を引き、国家が熱烈に支持した、資本と労働の相互依存の一方的な解消と、資本家の強欲とそれによる犠牲を防ぐための枠組みであった制約の撤廃こそが、最大の容疑者だったようである。

エミール・デュルケームが確信を持って論じているように、絶対的な権威や効果的な制裁や拘束力を備えた社会的に構築され成文化された規範が人々の選択に対する影響力を失うか、それを明確に拒むようになったとしても、威圧的な力に従うことに慣れた人々は、自己主張の自由を得るわけではなく、むしろ自分たちの本能や衝動の奴隷になる（ホッブズのリヴァイアサンのパターンに倣えば、人々にとって、社会が課す規範は、自らの破壊的でほとんど自殺行為に近い偏愛や制御不能な感情に対する、ただ一つの有効な砦である）。少なくとも、ロナルド・レーガンやマーガレット・サッチャーその他の無数の模倣者の下で資本がその足かせを外されたケースにおいては、このデュルケームの暗澹たる予言が現実のものになったかのようである。つまり、これらの政治家が助産婦役を果たした新たな秩序がまったく異なる形で利害の対立する二つの側に影響を与えたという事実のゆえに、なおさらそういえる。規範的な規制からの解放は控えめに言っても一方的なものだった。政治的な目的で設計され、課せられていた規範から資本を解放し、それに新たな自由を与えた第一の目的は、新たに公布された法的制約の分厚い網の中にしっかりと労働者を包み込みながら、彼らが長年にわたる資本・労働の互恵関係の中で勝ち取っていた意思決定能力を奪い取ることだった。進行中の資本・国家関係の見直しに関しては、膨大な金余りの中での株式市場の熱狂と、増大する社会支出とそこからの方向転換を図るために（よく言われるように、不当にではないにせよ、真剣な検討も行わずに）国家がもくろむ増税に対する恐怖心――その恐怖心に対して、グローバル金融は、罪の意識を持つ国家に服従を促すことで迅速に対応している――を挙げるだけで十分であろう。最近の（そして、私が執筆している時点でも終息していない）「ギリシャのゴルゴタ」については、グローバル・マスメディアの熱烈な後押しによってその現状が大々的に報道されている――それは、一度限りの例外的で自ら招いた災難というよりも、「当惑ぎみの人々に冷静さを求める手引き」とみなすべきものだが。

『ニューヨーク・マガジン』(7)によれば、（「手に負えないことや、社会主義的などの理由で、不平等という言葉が政治的に許容されなかった時代に」）「長年にわたって所得の不平等を研究してきた」ブランコ・ミラノヴィッチは、その研究成果を次のように要約している。「まったく理不尽なことである……豊かな国の支配層は、敗者に配慮しなければならないということを忘れてしまっている」。「最上位の一％の人々は、受け取る資本利得や給与の面で、よりいっそう豊かになっている。これは非常に新しい現象であり、従来の資本家と労働者の関係では説明することができない。今やもっとも豊かな人々は二種類の収入を手にしていることになる」――これは、「もっとも豊かな人々」以外の人々が二重に剥奪され、この二種類の収入がさらに少なくなり、両方とも失う危険に直面していることを示している。政治的にみると、これは、「参加型民主主義」に代わって、「一人一票ではなく一ドルに一票が現実のものになっているということだ」。

大事なのはもはや議論を起こすことではない。各流派のエコノミストがどの不平等の指標を好もうが、結論は一緒である。不平等は拡大しているのである――二一世紀に入るころから、経済成長の付加価値はもっぱらもっとも豊かな一％（〇・五ひいては〇・一％という人もいる）の手に収まる一方、残りの人々の所得や資産はすでに減少しているか今後減少すると予想されている。こうした展開は二〇〇〇年代の初頭に始まり、二〇〇七年から八年の経済危機で勢いが加速した。今や、北半球の「先進国」は、一九二〇年代以降遭遇したことのない状況に陥っている。

社会的な不平等とグローバルな不平等が広がっている現状についてリポートした二、三の数字を示してみよう。地球上のもっとも豊かな国々の中でも、米国のもっとも豊かな一六万家庭は、もっとも貧しい一億四五〇〇万家庭に匹敵する資本を保有している。米国人の上位一〇％

が米国の富の八六％を保有しているのに対し、その他の九〇％の人々が保有しているのは国富の一四％にすぎない。世界的にみると（クレディスイスの最近の報告によれば）、下位の半数の人々（三五億人）は世界全体の富のおよそ一％しか保有しておらず、これは地球上のもっとも豊かな八五人と同じである。

それでは、他の面でも「後退」がみられるのか。答えはイエスである。しかし、それについては検討がなされておらず、政治闘争の中でも明らかにされておらず、政治スローガンにも書き込まれていない――どの政党の政治活動でも想定されておらず、政治・経済的な言説でも明確に示されておらず、それをめぐる闘いも行われていない。むしろ、思いもよらないものか、少なくとも診断や予後に対する態勢が整っていないものであり、足かせを解かれて統制の利かなくなった複数の力によって偶然引き起こされたものである。

そのため、その現象に注目が集まるまでには長い時間がかかり、新聞の一面や主要政治家や公人の演説に登場するまでにはさらに時間がかかった。豊かな国民と貧しい国民の間の距離が著しく広がり始めた当初は注目されることすらなかった。当時、社会のほとんどの部門が、長期間か少なくとも短期間、生活水準は上昇パターンをたどると考えており、多くの人々がそれを期待するよう教え込まれていたことも影響している。「向こう側」の人たちの方が「こちら側」の人たちより早く豊かになっているというだけでは、不平等の問題を、経済的、政治的、社会的な関心事の中でも「もっとも重要な問題」にすることはできなかった。それを実現するのに必要だったのは、上位のごく一握りの層の富や所得と、残りの人々の所得の差が反対方向に急拡大し始めたことであり、それは最近数年間に起こった出来事であった。この変化こそが、ゆっくりとくすぶる剥奪の悲哀感を高めながら習慣的なパターンを掘り崩し、それが相対的なものであるという証拠が増すことで灼熱した怒りを掻き立てたのである。

今後生じそうな衝突に警戒を促す散発的な声も、世論形成に大きな影響力を及ぼすエコノミストの合唱によってすぐにかき消され、効果的に抑えられ、鎮められてしまった。フリードリヒ・ハイエク（その死後その遺産の再評価が行われた）や、ミルトン・フリードマン、キース・ジョセフらは市場の正確な「見えざる手」を熱烈に称え、それが「各集団が自らの要求を掲げて衝突しようとするのを」(8)巧みに調整するとした。一方、レーガンとサッチャーによる政治経済の全面的な見直しのさなかにあって、たとえば、「理由は何であれ、これ以上大きくならないパイで高まる一方の食欲を満たさなければならなくなると、気まずい瞬間が訪れる。ここまで事態が悪化してしまうと、ある集団から別の集団への資源の移転以外の解決策はない」(9)とするフランク・パーキンの警告や、「かつて労働者と資本の間の深まる摩擦を和らげていた安全弁を外してしまうと」、静止した資本主義は「資本主義の拡大していた時代とは違う方法で、所得配分という厄介な問題に対処せざるをえなくなる」(10)とするロバート・ハイルブローナーの警告は、一般の関心を引かなかったばかりか、ほとんど聞き入れられることはなかった。

人々が抱える困難はおおむね二つに分類される。一つが習慣的なものであり、日々の現実の中に収まってしまうほど長期にわたる困難であるために、不当に苦しまされているとはみなされなくなり、復讐や反抗につながらないもの。もう一つが、「一般的」で日常的な苦しみと比較すればとるに足らない習慣化した困難であったものが急激に悪化して、不当と受け止められ、反抗が求められるようになるものである。

「相対的な貧困」という概念とそれと密接に関連する心理社会的結末については、ロバート・K・マートン、[11]ウォルター・ガリソン・ランシマン、[12]バリントン・ムーア・ジュニア[13]らによって多少違う呼び方がなされ、議論が展開された。この現象の定義や評価についても違いがみられたが、いずれも剥奪感は相対的なものであるという見方に大きく貢献し、今ではその見方が社会学において確立している。というのも、この感覚は社会規範との比較から生じるものであり、その規範は絶対的でも普遍的でもなく、時代や場所によって変化するからである。[14]苦しむ人々の不満の種となり、彼らを異議申し立てに駆り立て、抗議活動や反乱へと導くのは、彼らが味わっている全体的で「客観的な」困難の量や厳しさではない。そうではなく、その困難の度合いが社会全体の困難の分布パターン――暗黙のうちに「正常」であり、正当と受け止められているパターン――から逸脱しているためである。

二、三例を挙げてみよう。中世の地主が農奴に求めた勤労奉仕がどれほど過酷で非道で強制的なものであっても、それが農奴を反乱に駆り立てたわけではなかった。反乱の原因となったのは、その要求を慣習的なレベルを超えるまで引き上げたことだった。近代の労働組合にしても、別の工場の同程度の技能を持つ労働者が、自分たちが拒まれた賃金引上げにあずかったとき、組合員にストライキを呼びかけるのが常だった。今日でも、上流階層出身の若者たちが労働市場に参入した際、自分たちが受け継いだ特権にふさわしい仕事——そしてまた、自分たちの教育程度や意欲や期待に見合う高い社会的地位——が得られないときに、反抗に立ち上がるのが常である。

相対的剥奪という視点とその研究が生み出す全体的なメッセージは、犠牲者を反乱に駆り立てるのは抽象的な公正の基準ではなく（したがって、哲学者が作った抽象的な不公正の定義でもなく）、周囲の人々との比較だということである。言い換えれば、「リアルタイムで」目に見えて、明白で、その声を聞くことのできる同時代の人々、自分たちの生活世界を持っている人々との比較である。不平等に対する正当な抵抗という旗印の下で反乱に立ち上がる際に比較の対象となる「準拠集団」とは、そういう人々のことである。あるいはむしろ、準拠集団は、傷ついた人々が損害賠償や名誉回復を求める際に指標となる集団を選ぶためのプールといえよう。

ランシマンが詳細に説明しているように、「相対的剥奪は常に剥奪の感覚のことであると理解すべきであり、『相対的に剥奪されている』人間が、明らかに何かを欠いているという一般的な意味で『客観的に剥奪されている』必要はない」。ランシマンはアレクシ・ド・トクヴィルを引用しながら、物質的な資産や所得、威信、所有物など、統計的に把握できて客観的に測定できる富の配分の不平等と、根強い主観的な剥奪感の間には大きな開きがある点を強調している。

人々の不満が最高潮に達したのはまさしく、フランスの中でも大きな改善がみられていた地域であった……改善できないと思われている間は抑えられている不満も、それを解消する可能性が人々の頭をよぎると、抑え難いものになる……封建制もその最盛期の段階では、その没落の前夜ほど憎しみの対象となることはなかった。

そして、ランシマンは前記のズレの原因となるもう一つの要素を提示する際に、レナード・リースマン(15)の助けを借りている。「成功を収めた人々は、その成功によっていっそう自らの意欲を高めたようである。このように、成功そのものが外的な刺激となって比較が促される一方、達成度が低い人々は、自分たちの経験に基づいて、自らの意欲を弱めることになる」。

こうした観察から生じるものは、皮肉なことに、昨日の成功によって自らの社会的地位が高まっても、今日になってその状態を継続できなくなると、その落差から不満が生じ、その落差を埋めようとする衝動に憎しみが加わるということである。こうした発想は、再生利用されて、「高まる期待の革命」という概念のもとになった。この概念は一九五〇年代以降の革命理論に広く用いられ、一九六九年以降は主としてジェイムズ・C・デイヴィースの「J・カーブ仮説」[16]と結びつくことになった。デイヴィースは、暴力革命の可能性は、人々の満足感が高まるとともに期待も高まった後で、その期待が叶わなくなり始めることをきっかけに、一気に高まると指摘した。「欲求が満たされているという感覚が弱まっているにもかかわらず期待が高まり続けると、期待と現実の間にギャップが生じて拡大する。このギャップが最終的に耐え難いものとなり、期待に応えられない社会制度に対する反乱の舞台が整うことになる」。

前記の引用のほとんど一字一句が、私たちが置かれた現状を説明してくれる。それでは、私たちは「革命状況」を目撃しているのだろうか。私たちの置かれている現状は、レーニンの「革命状況」、すなわち、支配者がもはや今までと同じ方法で統治できなくなる一方で、被支配者がかつてと同じように支配されることを望まなくなった状況と一致する、とつけ加えておこう。

しかし、本当は雑多なものの集まりであることを隠そうとする、他の多くの同質なもののケースと同じように、明らかに似通った条件から生じる結果の間にどれほど類似点があろうと、当時も今もそれは偶然の産物であると言えよう。言い換えれば、一致しない場合の方が類似している場合よりはるかに多い。私たちの本来的にその場限りで、一時的で、はかなくて、分裂しがちな、完全に個人化され規制緩和された社会では、そしてまた同盟の寿命が短くなり、社会政治の作業を個人が営む「生活政治」のレベルに「下請けに出す」ことが常態化して事業の有効性と非生産性の間の時間と距離が縮小し続けている社会では、支配的な哲学とそれが促し生み出す生活様式は、「もっとも近くて愛される」もの以外のあらゆるものを含めて、人間の連帯を損ねるための戦略とみなすことができよう。存在条件の共通性を、目的と行動の共通性を維持することに置き換える可能性もまたきわめて低い。新しい経営哲学と新たな支配戦略に支援された現在の存在条件は、連帯を目指すものではなく、お互いの疑念や、利害対立、競合関係、摩擦を生み出す温床となっている。ポール・ヴェルハーゲが簡潔に述べているように、

連帯は高価な贅沢品となり、一時的な同盟に席を譲っており、主な関心事は、競争よりも、そうした状況からより多くの利益を引き出すことである。企業や組織との感情的な結びつきが弱まるにつれて、同僚との社会的な絆も弱まっている。かつては学校に限定されていたいじめが、今や職場でも日常茶飯事となっている。これは自らの不満を弱者に対して吐き出す典型的な症状であり、心理学ではやつあたり攻撃の名で知られている。その根底には、業績に対する不安に始まり、人々を脅かす広い意味での社会的恐怖心に至る、不安感が潜んでいる。(17)

「他者」(他のすべての人々)が、すでに顔をさらしていようが、仮面を外していようが、まだ明らかでなかろうが(そうした理由でもっと恐ろしい)脅威の的となる社会では、連帯(そしてとり

わけ、誓われた献身的な連帯）は、無邪気で、だまされやすくて、軽薄な人々にとっての危険な罠であるとみなされる。この罠を避けるために最善を尽くすことは理に叶っている（もっと正確に言えば、常識（ドクサ）、つまりは現在主流の哲学によれば理性に代わるものに沿っている）。現在流通している通貨で計算すると連帯は割に合わない。連帯は信頼できる資産ではなく、負債に変わる傾向にある。「生活政治」の株式市場ではパットナムの「社会資本」の価格は下落している——その一方で、自己言及や自己への関心、自己主張などの非社会的要素は重視されている。

しかし、「大文字の政治」（現状の再確認や追認ではなく、現状を打破するための政治）の仕事を、個人が考案し、管理し、監視する「生活政治」に委ねていることが顕著な個人化された社会で進行している資産の急速な老朽化や、仕事の陳腐化の犠牲になっているのは、「社会資本」だけではない。「相対的な剥奪」も同じ運命をたどっているようである。私たちは、「自分たち」には得られない利益を享受している「同類」という、目に見える、あるいは想像される集団が引き金を引くことで生じる、時間や空間に拘束される剥奪感から、恒久的で「自由に移動する」剥奪の環境へと移行しつつある。そして、もはや特定の「比較準拠集団」だけに固定されることはなく、私たちの旅程表に沿った無数の波止場のうちのどこかに場当たり的に錨を下している状態である。

地球上にどれほど自由に訪問できて吟味できる住処があっても、すべての人々や集団の成功は、私自身にとっての苛立たしい剥奪のケースと受け止められ、その結果、私の不満はさらに蓄積される恐れがある。個人化された社会で広く望まれていながら供給が限られている資源を求める競争は、ゼロサムゲームと感じられる運命にある。他人の成功は自分の敗北と感じられ、「この世界で昇進する」ささやかなチャンスが減るように感じられる。したがって、「相対的剥奪」感という考えを放棄して、普遍的な感覚の方を選びたくなってしまう。しかし、「普遍的」な剥奪感が持つ副作用は、剥奪は癒しがたいという感覚である。つまり、私が「生活政治」の枠内でどんなことを行っても剥奪は解決しないであろう。私が思いつく行動がその枠内に収まる限り、それは交渉の余地がないままである。

このような環境は前の章で触れた「同族主義への回帰」現象を説明するのに大いに役立つ。

こうした成り行きは次の二つの並行するプロセスが合体した結果である。一つは権力（少なくとも、もっとも強力で、私たちの運命を決定する力のあるもの）のグローバリゼーションであり、もう一つが情報（少なくとも、私たちの前に真実として提示され、真実や完全な真実、真実に他ならないものとして吸収し受け入れざるをえないものを形成する際に、もっとも影響力のあるもの）のグリーバリゼーションである。後者は、「地平の拡大」、あるいは「（視野の制限という意味での）地平線の消去」とも名づけられるものである——同時性と相互依存と比較可能性の地平。こうした地平の拡大は、共通の、そしてまた明らかによく練られた合意による基づく新たな情報科学技術の成果であり、それは今や完全かつ本当の意味で普遍的に（すべての人々にとって）アクセス可能な状態に近づきつつある。

ビデオカメラやスマートフォンの届く範囲全体に（その結果、ウェブの届く範囲内に）認知の地平が広がるにつれて、アクセスできてなじみのある「近く」と、近づきがたくて曖昧な「遠く」を区別して、身体的な距離の範囲内に限定されていた「地域社会」という発想は無効になっている。それに伴って、相対的剥奪という概念の基になっている換喩的なロジック（あるいはジェイムズ・ジョージ・フレイザーが著書『金枝篇』の中で名づけた「共感呪術」）も使用できなくなっている。

その結果、「目の届く範囲内の人々」、あるいはジョージ・ハーバート・ミード（一八六三―一九三一、米国の社会心理学者）の「主我《アイ》」と持続的に対話・交流せざるを得ない「客我《ミー》」を形作る「重要な他者」である「地域社会」の内実は、継続的な・隣接した空間に刻み込まれる前から断片化し、拡散している。それが地図上に記された断片であるとすれば、それはディアスポラの列島に類するものであろう――つまり、それは、別れていながらも互いに距離を保っている一方で、共通のアイデンティティを維持することで保たれる精神的・文化的な近さを基礎にして結びついた島々の集合体（あるいは地図製作者が彼らに付与した意味や関連性や重要性による「重要な他者」のケースのように）とも言うべきものだろう。実際問題として、このことは、比較の指標として動員される「準拠集団」が、もはや首尾一貫した形で構成される必要のないことを意味する。ほとんどのケースで、それは実際には、混成的で支離滅裂で論理的に不完全で持続不能なものとなっている。それは永続性を求める必要もなければ、安定性と持続力を想定することによって自らを正当化する必要もなく、そのもっとも共通した傾向は、そうした集団をその場限りで構成し解体することである。

剥奪感に対するこの新たな存在論的立場は、その測り方はともかくとして、急速に高まりつつある「客観的」不平等が、「革命状況」の出現につながるかどうかに対する一つの回答、あるいは少なくとも回答の重要な一部であると指摘しておこう。それは私たちの先達が想定してきたとおりだが、もしもそうならないとしたら、それはなぜなのか。

ネルソン・D・シュワルツは、二〇一六年四月二三日付の『ニューヨークタイムズ』に掲載された「特権の時代にあっては、誰もが同じ船に乗っているわけではない」と題するリポート(18)の中で、新たなスーパーリッチ（超富裕層）のことに加えて、ごく少数の、しかし止めようのない「非常に豊かな」階級向けに旅行会社が提案している、隔離され、囲い込まれた非常に私的な飛び地のことに触れている。この旅行会社はスーパーリッチを新たな有望市場と考え、彼らのニーズや気まぐれな嗜好に焦点を合わせることにした。つまり、それまで人気があった包括的な方法とは異なる、コストの上昇に迅速に対応できる集中的な方法にシフトしたのだ。ここで彼らが用いた「同じ船」という比喩（「まったく異なる船」という比喩とは正反対の意味を持つ）は、シュワルツが自らの綿密な調査のために選んだ二つの対象、つまり、ノルウェーと「北カリブ海」のクルーズ会社を結びつけたことから浮かんだものである。しかし、彼がここで発見した現象は、もっか勢いを増しつつある広範な傾向を示すものである。

シュワルツはまずカリフォルニア大学バークレー校経済学教授のエマニュエル・サエズを引用して、不平等が精査の対象となる一方で、常にさらなる特別優遇を求めている最上位の一％の超富裕層向けの業者が開拓する新たなビジネスによって、さらに豪華な舞台が整えられているとしている。サエズによれば、

今や米国の最上位の一％の世帯が国富の四二％を支配しており、二〇年前の三〇％から上昇している。最上位の〇・一％の人々は二二％の富を独占し、一九九五年の割合に比べて二倍近くにふくらんでいる……今日、今まで以上の資源がピラミッドの頂点の市場シェアを勝ち取るためにつぎ込まれており、ときには残りの人々のただでさえ減少しつつあるサービスの費用を犠牲にして、それが行われている。中流階級の所得が伸び悩む一方で、大恐慌の終結以降の時代は、非常に豊かな人々とそれをまかなう産業にとっては常に好景気の時代であった。

新しい膨大な利益を生み出す市場の発見に乗じようとする市場の論理とその流れを生み出す人々が一致協力した取り組みの結果、

ボストン・コンサルティング・グループによれば、二〇一〇年から一四年にかけて、少なくとも一〇〇万ドルの金融資産を保有する米国の世帯数は三〇%以上も増加し、ちょうど七〇〇万世帯余りに達した。一〇〇万ドル以上の集団については、推定された富が二〇一〇年から一四年にかけて年間七・二%増加し、一〇〇万ドル以下しか持たない世帯の八倍のペースに達した。

——もっとも豊かな人々の生活は、家庭内にとどまらず、移動式の「ゲーテッド・コミュニティ」——下位の「一〇〇万ドル以下の」人々には、半透明でもなければ透明でもない、堅固で通り抜けできない甲羅の内側の泡（バブル）——の中でも営まれている。

二種類の人々は互いに接触のない世界で生活し、「一〇〇万ドル以上」を保有する人々が決して乗り越える必要がなく、「一〇〇万ドル以下」しか保有しない人々が決して越えることを許されない、厚くて頑丈な壁で隔てられていると言えよう。非常に豊かな人々の排他的で閉鎖的な傾向に迎合しようとする企業が提供する新たなツールのおかげで、二つの世界の居住者は互いに重なり合うことのない生活を送っているのかもしれない——二種類（一〇〇万ドル以上と以下）の人々は、その生活様式、人生経験、人生哲学はもちろんのこと、すべての実践的な意図や目的のために、互いに翻訳不可能な言葉を発達させ、使用している。エリートとその他の人々の間のこうした溝（橋渡しできないギャップ）は、二一世紀の初めの時点で、中世以降みられなかったほど深くなっている。「二つの国民」のうちの上位の側は、かなりの快適さや、潜在能力、生活スタイルに加えて、自らの言葉を身につけている。そのため、二つの国民への分断は今や完成に近づきつつある。

しかし、一つの重要な条件がある。これについても、シュワルツのリポートの中に短いヒントがある。

たとえば、バスが巨大なジャンボジェットやエアバスA三八〇のそばに殺到すると、「シャワーやプライベートスイートの眺めが目に入ってきて、人々の頭の中に一つの指標が生まれます」と語るのは、大手航空会社と提携しているマッキンゼー社のディレクター、アレックス・ディクターである。「たくさんのブランドが自社製品を上昇志向のツールとして活用し、クラス分けすることで、人々が憧れる何かを生み出すことができるのです」。

「一〇〇万ドル以上」保有する人々が住む世界の壮観さと想像を絶する魅力には重要な役割がある。それは部外者に対してその不透明さと見えにくさを解消すると呼びかけることである。その役割が適切に果たされると、部外者は、「一〇〇万ドル以上」の人々が日々享受しているが、自分たちには拒まれ閉ざされている魅力と驚異の一端をときどき垣間見ることができる。消費市場は「相対的剥奪」の「相対的な」部分を目立たせないようにしている――これは、その被害者を自らの剥奪感を埋め合わせる行動に駆り立てると考えられている。私が自著『少数の人々の豊かさはすべての人々の利益になるか *Does the Richness of the Few Benefit Us All?*』[19]で論じたように、一般の人々に対する富の「トリクルダウン（滴下）効果」はほとんど神話であるが、その一般的な意味での剥奪感に対する効果と、それに伴う意欲のレベルについては別問題である、とつけ加えておく必要がある。

閉鎖的な囲い込みのケースと、（たとえ稀であり部分的であっても）開放されるケースはいずれもそれなりに有効であるが、その目的は異なっている。それが持つ意欲を高める（そしてまた望まれる市場拡大の）能力や、信じられないほど豊かな人々の楽しみに拍車をかける行為は、「ゲーテッド・コミュニティ」内の高級住宅のみならず、ムンバイの狭苦しいスラムのスクリーンにも映し出されているが、それが他の画面上のメッセージと同じく「事実に基づいている」とされても、脚本家の想像力の産物と受け取られてしまう恐れがある。そうした理由から、ジャンボ機のエコノミークラスの窮屈な座席に向かう途中で目に入る「シャワーやプライベートスイートの光景」は非常に重要な裏づけとなる。結局のところ、あの映像は童話でも作り話でもなかったのではないか。それは事実であり、そうであるがゆえに真剣に受け止める価値があり、その後の真剣な取り組みに値し、そうした努力を正当化するものである。そうした効果が得られるだけで、意欲を高めるためのバーは狙い通り高くなる可能性がある。

ダニエル・ラヴェントスと急増しているその同志たちが将来の「平等の家」の試金石と考えているのが「ベーシック・インカム（基本所得、基礎的所得）」である。彼によれば、[20]「ベーシック・インカム」とは、国家が社会の公認の成員に支払う給付」のことであり、「当人が有給労働にたずさわりたいか否か、貧しいか否かにかかわらず、言い換えれば、当人が持っているその他の収入源とは別個に、さらには当人の家庭内の同居者の有無にかかわらず、支払われるものである」。

ラヴェントスは、「ベーシック・インカム地球ネットワーク」の考え方とこうした点で合意しながら、法律化されるベーシック・インカムが社会悪を除去して善を促すためには、次の三つの原則に従わなければならないと主張している。一、ベーシック・インカムは世帯ではなく個人に支払われねばならない。二、他の収入源からの所得は考慮しない。三、仕事の成果や、提示された仕事を受け入れる意欲の有無は問わない。これらの三原則はベーシック・インカムの考え方を、「福祉国家」の考え方の名残りであり、それが明確にあるいは暗黙のうちに想定している、個人ではなく世帯に焦点を当てている点や、「資力調査」をもとにして社会的給付の受給資格を与えている点、就労義務付き雇用手当支給に置き換えている点とは区別している。「ベーシック・インカム地球ネットワーク」、さらにはダニエル・ラヴェントス自身も、福祉国家の歴史のルーツである社会福祉給付の考案者や管理者について調べている。一九四二年にウィリアム・ベヴァリッジ（一八七九―一九六三）の「社会保障および関連サービス」に関する報告書が出版されたとき、英国の一般大衆や主要世論形成機関からほとんど満場一致の賛同が得られた（数少ない反対意見の一つが当時の保守党・労働党連立政権の大蔵大臣キングズリー・ウッドのもので、彼はベヴァリッジ報告書が意味する金銭的な責任を果たすことは不可能であると主張した）。ベヴァリッジ報告書が支えにした前提（その後しだいに、しかし一貫して放棄され、保守党と労働党の政府の継続によってほとんど忘れ去られてしまった前提）を復活させ回復させる狙いは、ラヴェントスの研究とマニフェストの副題にも示されている。ウィリアム・ベヴァリッジ（後に卿）は、自らを、保守でも社会主義者でもなく、リベラルと考えていた――自由主義イデオロギーの基本方針や論理に忠実に従うことで、そう主張する権利を手にしていた。そのイデオロギーが至上の価値、重要な戒律、さらには政治的実践の卓越した目的（実際にはメタ目的）とする個人の自由は、「自由の物質的な条件」が満たされて初めて適切に機能するものだった。しかし、英国社会の大部分の人々にとって、それは叶えられなかった（今でもなお）。それは不潔さ、無知、困窮、怠惰、病気という社会の五つの「巨悪」として、今なお悩みの種となっている（そして多くの点で引き続きその状態が続いており、それを恐れる理由も存在する）。これらの巨悪が極限に達して消えざるをえなくなるまで、「自由」は空虚なスローガンであり、すでに炎症を起こしている傷口に塩を塗るような幻想にとどまることだろう。このように表明されたリベラルの目的、つまりは自由の実現に必要なすべての物質的条件を満たすことは、今でも、ウィリアム・ベヴァリッジが自らの報告書を熱心にまとめようとした当時と同じく、道半ばの状態である――あるいは、当時よりも実現が難しくなっているのではないか。

ポール・メイソン[21]は、「ベーシック・インカムの考え方」が「不平等を緩和する一つの方法」とみなされていることを認めながら、その緊急性を正当化する新しくて強力な見解として、ベーシック・インカムは「もっと大きな問題である仕事そのものの消滅」への解決策である、とつけ加えている。彼の見解をまとめると、ごく最近まで、この世界のパングロス（底抜けの楽天家）も、カッサンドラス（凶事の予言者）もともに、アンドレ・ゴルツのいわゆる「仕事を基盤にするユートピア」で暮らしていたが、すべての政治的党派を直撃する思いがけない一撃によってそのユートピアの基盤が根底から揺さぶられている、という。この点については、その他の新たな事実として、二〇一三年のオックスフォード・マーティンスクールによる「二〇年後には米国の仕事の四七％が自動化される恐れがある」という見解や、マッキンゼー・グローバル研究所による「一億四〇〇〇万人の知識労働者が同じ運命にある」という結論、さらには、かつては「単純作業化が進み仕事が消滅する一方で新たな高付加価値の仕事や消費文化が生まれていた」が、自動化によって「別の分野の仕事が増えるどころか、ある分野の仕事の必要性が減ることになる」といった新しい見方がある。

にもかかわらず、「ベーシック・インカム」を、気高いユートピア的な理想郷から、すぐにも実現できるものにしようとする一般からの圧力についての見通しは、控えめにいっても、厳しく絶望的である——とりわけ、ラヴェントスが詳細に説明した二番目の条件である、資力調査を廃止すると同時に、有給の仕事についている人々にもベーシック・インカムの権利を付与することについては、そのことが言える。「ベーシック・インカム」プロジェクトの実施に対する抵抗は、これらの二つの互いに結びついた想定に関して、もっとも強力であると予想されている——たとえそれが、その価値に対する無理解や混乱に基づいていたとしても。どちらかというと、「ベーシック・インカム」という課題を実現する過程で次々と獲得されたものは一時的なものであるとされ、福祉国家の基礎となった国家管理型社会サービスの諸原則がそうであったように、圧力にさらされて、次々と撤廃される傾向にある。

ヨーク大学政治学スクールの協賛のもと、ジョセフ・ラウントリー基金によって二〇〇九年の三月一一日に開催されたシンポジウム（ベーシックインカム・プロジェクトに対するフィリップ・ヴァン・パレースの議論の基本的貢献に捧げられたシンポジウム）の公式サマリーは、福祉国家の複雑で議論を呼ぶ歴史の現段階をめぐる次のような診断で始まっている。

過去三〇年以上にわたって、英国政府はかつて福祉国家を支えていた普遍主義の考え方から脱却しようとしてきた。対象の絞り込みと選択が急速に広がる一方で、給付やサービスは例外になりつつある。現在議会を通過しようとしている福祉改革法——とりわけ、精神疾患患者と三歳の子供を抱える片親は給付の有資格者になる前に仕事につかなければならないと主張している——は、この流れを示すものである。

サマリーが指摘しているこうした流れは英国だけにとどまらない。米国議会も一九九六年に「個人責任及び就労機会調整法」を成立させている。これは「資格基準を非常に困っている人々に絞り込み、給付金の受け取り期間を五年間に制限し、すべての受領者は仕事を始めるか、職業訓練を開始すること」としている。

ここには、「普遍主義の考え方」つまりベーシック・インカムは奪うことのできない市民の権利であり、すべての成員に対するコミュニティの義務を保証するという考え方と、「もっとも必要な」人と「もっとも痛みを与えているところ」への焦点の絞り込みという二つの考え方の重大な分岐点となる違いがある。前者は「人権」の承認と促進の時代に必然的に生まれるものであり、後者は社会をヴィクトリア朝の救貧院や救貧作業場の時代に引き戻そうとするものである。後者の中には、アメリカ独立宣言にも謳われている、人間の固有の尊厳や「幸福の追求」への権利という考え方の入り込む余地はない。救貧院や救貧作業場はその目標を非常に低く、つまり、被保護者の生物学的生存のレベルに設定していた（高い死亡率はそのレベルを下げることに伴う一つの副作用であって、その明確かつ意図的な想定ではなかった）。そのため、次の二つの目標を設定しなければならなかった。一つは収容者の延命を促すこと、もう一つは、収容者が、他の、スティグマを持たない「正常な」（というのも、彼らは自活し、「自給」できるとされているので）人々に加わるのを防ぐことである。救貧院や救貧作業場への入所を認められると、一気に複数の烙印が押され、半人前の人間として非難され、辱められることになった。社会の成員資格や社会的地位の証明書を得るために働いたり兵役についたりする世界では、仕事のない人や、自分で調達できる生存手段のない人は、仲間外れの烙印を押されざるを得なかった。資力調査を廃止するよう求めたり、報酬が得られる仕事の有無と社会的身分への権利を切り離したりすることは、救貧院や救貧作業場から生じるメンタリティの名残り（そこでは新旧の資力調査と就労義務付き雇用手当支給の枠組みが復活することになっている）を根本的に断ち切るものである。

　多くの研究者が集めているのが次のような裏づけである。それは、人々に紐つきでないお金を与えること、つまりは彼らに自己主張を促す一方で、それを可能にし、それを彼らの手の届くものにする戦略は、多数の批評家の見解に反して、政府予算と国民の富という観点から「いいビジネス」であるということの実証的な裏づけである。言い換えれば、その戦略にはメリットの方が多く、国民の富や所得のレベルを下げるのではなく上げるということを裏づけるものである。それらの研究者の一人で、自らの網を大きく広げようとしている人物（私から見ると、網を大きく広げすぎて、ここにその巨大な獲物を示せないほどである）がすでに引用したルトガー・ブレグマンであり、彼はこの問題に関する新たな同意を文書化するために、ユニヴァーサル・ベーシック・インカム（ＵＢＩ）を熱烈に支持しているという印象は薄い『ジ・エコノミスト』の「ホームレスへのもっとも効率的なお金の使い方は、彼らにそれを与えることかもしれない」[22]という発言にも触れている。

ブレグマンは「福祉国家」メンタリティの名残りを根本的に見直すよう求めている。このメンタリティは「仕事社会」の時代に形成されたものだが、仕事が人格形成の鋳型になるという考え方は今や時代遅れになっている。そして、「人々に安全の感覚と誇りを持たせるはずの福祉国家は、疑念と恥辱のシステムに退化しつつある」。私がつけ加えたいのは、富の再配分と呼ぶ代わりに、今なお惰性で「福祉国家」と呼ばれているこの政策が、今では「生活保護受給者」という社会的スティグマを付与し、それによって一般の人々から罪悪感を拭い去り、武器をとるようにとの悲痛な呼びかけであったはずの社会的不平等を容認する（そしてまた悪化させる）役目を果たしてしまっていることである。一般的に「食客である」や「ただで何かを」「求める」（そして手に入れる）ことを意味する「生活保護を受けている」ことが、歪められ、骨抜きにされた福祉国家のメンタリティによって再生利用されて恥辱の印とされ、「生活保護受給者」が人権の有資格者以下の存在である証拠（実際の証拠）や、彼らの人格の崩壊や堕落の証拠、さらには全体として社会的余剰の裏づけとされてしまっている。

「ベーシック・インカム」を支える考え方は、現代版「福祉国家」の考え方とは異なり（実際にはそれと正反対に）、排除ではなく包摂、連帯の絆の分裂や社会的分断ではなく社会的連帯や社会統合を予示し促すものである。

こうした考え方は、ベーシック・インカムが他の不平等の解消法では得られないほど巨大な社会的・道徳的なメリットをもたらすという見方を正当化するものである。しかし、そのメリットは、実際のところ、もっと多様なものである可能性がある。ブレグマンは私たちに「異なる語り方と考え方」を求め、たとえば、アーマンド・バリエントスとディヴィッド・ハルム率いるマンチェスター大学の研究チームが編集し、二〇〇一年に刊行された『貧しい人にただお金をあげるだけ *Just Give Money to the Poor*』[23]を引用しながら、ベーシック・インカムに類する試みのメリットは次のような点にあるとしている。「一、各世帯がお金を有効に活用する、二、貧困を減少させる」「所得、保健、税収入に対して多様で長期的なメリットがある、そして三、代替的なプログラムよりもコストがかからない」[24]。あるいはデューク大学教授のジェーン・コステロによる二〇〇三年の調査から引用した知見に言及しているもう一つの例を挙げれば、「貧しい人々にみられる精神疾患の原因は何か。生まれつきのものか、それとも文化的なものか」と問われたコステロは、「貧困によるストレスが人々の遺伝的に病気や障害になるリスクを高めているためである。しかし、この研究にはさらに重要な意味合いがある。それは遺伝子には引き起こせなくても、貧困なら引き起こせるものである」。

フィリップ・ヴァン・パレースによると、「UBIに関する主な議論は公正の考え方に基づいている」[25]。この「公正」を彼は「すべての人々に本当の自由を確保するような」制度を生み出すのに等しいことと定義している。註：危機に瀕しているのは、くだんの自由への権利だけではなく、自由の現実性（ジョン・ロウルズが「自由の価値」と呼んだもの——一方のアイザイア・バーリンはわざと誤解させるために、軽蔑を込めながらそれを「積極的な自由」と名づけ、彼がそれに代わって提唱する「消極的な自由」つまりは制約からの自由と区別しようとした）でもある。しかし、UBIの文持者や、それに先行する福祉国家の発案者にとって、「積極的な自由」つまりは自らの選択を自己主張し、それに従う能力は、いったんそれが、後者を社会の大多数の人々の窮乏を解決する処方箋にすることへの認可状に変わると、「消極的な自由」にとって欠かせないものとなる。自由は、それとそれが全開にすると想定される人間の潜在能力が現実のものとなった場合に価値がある。しかし、大多数の人々にとって、それはUBIやそれに類するものによって補完されないかぎり、現実のものにはなりそうもない。ヴァン・パレースは「個人の自由の重要性とその本当の価値は、その人物が自らの裁量で自らの自由を活用できる資源に左右される」と主張する一方で、社会的公正という大義に寄与する全体的な活動にとって、「機会の配分――人々がしたいと望むことを行う上で必要な手段へのアクセスと解釈される――は、もっとも少ない機会しか手に入らない人々に最大限の機会を提供するよう工夫する必要がある」。

この引用された書物には、ヴァン・パレースの立場の簡潔な再表明が収められている他、彼のプログラムの中のさまざまな細目についての批判的な評価が集められており、それらの間に、比較的短いが議論を呼びそうなこの考え方の歴史と現状に関する完璧に近い調査も収録されている――それに加えて、その可能な機会と、その機会を適切に活用しようとする際の障害についての考察も収められている。これらの評価の中でも、クラウス・オッフェ〔一九四〇―〕、ドイツの政治学者・社会学者〕のそれが、その理解力に加えて、その高まる人気とそれを実行に移すことへの嫌悪感のルーツを探る試みの面で際立っている。

オッフェが行っていることは、すべての優れた理論は「それ自身についての理論」でなければならないとして、パレースに理論を提示するよう促していることに他ならない。「理論家はとくに、なぜそれほど多くの人々が自分の理論に反対するのか、という疑問に答えなければならない」[26]。これは、「ＵＢＩ案に対する関心と注目が、先進国だけでなく、全体として高まっているにもかかわらず、誰もベーシック・インカムの実現がまぢかであると真剣に主張しないのはなぜなのか」という点を踏まえた上で答えが求められる、ことによるともっとも重大な疑問かもしれない。

最初の回答のリストの中でもっとも一般的な疑問である、自由への期待（「熱烈で過大なものであっても、さほど執拗なものでなくてもよい」もの）によって生じる恐怖心は、当然リストのトップに来る。しかし、「誰がどんな理由でＵＢＩに付随する自由から生じるものを恐れているのだろうか」。当然のことながら、そのリストを開こうとするのは雇用主であり、それには二つの理由がある。最初の理由は「労働者の側に撤退という選択肢があると、彼らに対する統制力が弱まるのではないか」という懸念、二番目の理由が「ＵＢＩが増税につながり、それが純所得の圧縮を招くのではないか」という懸念である。

オッフェが正しくも警告し要求しているように、さまざまな分野で生じているこれらの懸念を真剣に受け止める必要がある。オッフェはまた、こうした懸念を鎮めたり、多少なりとも和らげたり、他のものに置き換えたり、克服したりする方法を示している。なかでももっとも重要で革新的なものが、「漸進主義と可逆性」である。この考え方は、人々が学習を通じてその嗜好を変化させる道筋を示すものであり、それは、食欲は（食べるよう強制することで生じるのではなく）食べることで生じるということわざに示されている。なかでももっとも有望で興味深い試みが、オッフェが「（たとえば一〇年間有効な）長期休暇口座（サバティカル・アカウント）」「とでも呼ぶものであり、すべての成人が有資格者であり、いつでも引き出すことができるものである……少なくとも六カ月という相当長い期間、そしてまたその自由時間を活用するもので、その人物が選択する目的にかかわらず、均一の収入が保証される」。オッフェは、もっとも望ましいが、それと同時に、自由の完全かつ普遍的な基礎をこうした形で強化する効果は、「私たちがこれまで『仕事の人間化』と呼んできたものへの」望ましい影響や、「とりわけ『好ましくない』仕事をしだいに減らしていく」という形で表われることになろうと予想している。

しかし、オッフェが概略を示した現実的で賢明なＵＢＩへの道筋に立ちはだかるもっとも深刻な（「階級利害の対立」というよりは、技術的・行政的な）障害物の一つは、それを実行に移しても、ＵＢＩの枠組みの導入が広範に広がらないか、まったく広がらないのではないかという疑念がすぐさま裏づけられてしまう可能性が高いことである。オッフェは、この障害物については明快であり、少なくとも、ＵＢＩをＥＵ域内の「一国だけに導入することはできない」としている。ＵＢＩの意図や目的を実行に移すためのＥＵ全域にわたる政治制度のネットワークが存在しないか、政治的に断片化されているかぎり、その導入は不可能であると具体的に述べるべきであろう――これは、ある意味ではEU独特の環境であるが、別の意味では、何かを得る能力と、何が必要であり何をなすべきなのかを見極める能力が世界的規模で制度的に分断されている表われである。

しかし、こうした見解を社会の慣行の中にUBI体制を組み込むことへの反論と受けとめる必要はない。逆に、現在は離婚状態にある権力と政治を再婚させるためにUBIの魅力と人気の高まりを利用してもよいし、利用すべきである。たとえば、非常に大規模なものだが、「欧州統合計画に必要な意義を付与し、広範な人々に呼びかけることのできる『社会的』ヨーロッパを実行に移す」ために利用することなど、がそれである。

今日、「不平等への回帰」の流れが広がり、大きな力になっていることが強力な裏づけによって明らかであることを根拠にして、UBIプロジェクトの施行は運命づけられている、と論じるのは重大な誤りであると私は指摘しておきたい。この議論は裏返す必要があり、裏返すことが可能である。すなわち、今日の「リアリストのためのユートピア」の数少ない基本要素の一つであるUBIプロジェクトの持つ活力を、危険で壊滅的な流れを逆転させる闘いの強力な武器として活用することができる、と。

第４章　子宮への回帰

「自己への回帰」の流れは閉鎖的な同族集団に対する解放戦争の「ときの声」として起こり、表向きはコスモポリタンな代替案が破綻したことで復活したものである。それはちょうど、「同族主義への回帰」が解放されて孤児になった人々にとっての避難所となり、今なおその状態が続いているのと一緒である。以上の二つの呼びかけは好ましいものではないが、面白いことに、いずれも「ときの声」の役目を果たしている。

二〇一六年四月二六日付の『ボストン・レビュー』紙に掲載された「希望の個人化――資本主義対連帯、昨日と今日」[1]と題する短い記事は、人間の絆についての辛辣で痛烈で非常に誠実な（無謀なほど誠実と言いたくなる）検証となっている。その人間の絆は今や崩壊してしまっており、それは個人の持つ五感や、その常に不足している資源、自己言及的な性格を持つ個人の関心や創意や試みに委ねられた結果である。この記事の中で、ロナルド・アロンソンは次のように主張している。

希望は個人化されつつある。世界中とりわけ米国と英国で大きな変化が起こっており、意欲や責任が、より大きな社会からわれわれ個人の領域に移行している。個人的な期待をより広い世界から切り離すことで、両者に変化が生じている……。

われわれは過去の世代にも増してあらゆる希望を失っているわけではない。むしろ腹立たしいほど多くの個人の希望で満ちている。攻撃にさらされているのは社会的な希望であり、この世界をより自由で平等で民主的で、住みやすい世界にしようとする運動を支える動機である。

要約すれば次のようになる。

かつて、労働者は集団で自己主張することで自らの条件を改善できると考えていた。しかし、今では自分で自分の身を守ることこそ最良の選択肢だと考えている。利己主義者にとっては階級や連帯の経験はありえないものであり、ふさわしくないものである。[スティーヴ]フレイザーが指摘するように、自分こそ改善の唯一の足場であって、集合的な行動から得るものなど何もないがゆえに、集合意識は「ばかげていて、無邪気で、焦点がぼやけているか、あるいは逆に、罪深くて扇動的なものである」。

いったん市場のゲームに身を任せると（そこでは商品の売り手になるか商品そのものになるかの二つの選択肢しかない）、商品化された人間は売買取引の集合体としての世界内存在を受け入れ、その世界にいる人々を、個人が所有し経営する売店に商品を並べる商店主の集合体とみなさざるをえなくなるか、あるいは実際にそういう立場に置かれることになる。

あなたがこの世界に最初に入ったときに出会った人々や、その後もこの世界のどこかで出会う人々は、たいていあなたに「呼びかけを行い」[2]、そして、あなたも同じように彼らをライバルや競争相手とみなす――ときには一度限りの連携の相手になる可能性はあっても、戦友とみなすことなどめったにない。実際にそうなるか、そうなる運命にあるかはともかくとして。私たちは今や、さしたる抵抗も起こすことなく、一九世紀初頭の時代に強引に引き戻されている。その当時、ヨーロッパの多くの国の農民や職人は自らの生産手段にとどまらず、社会的地位や社会資本までも急速に奪われようとしていた。それ以降、彼らは「不潔で粗末で物資の不足する生活」空間に閉じ込められることになった。というのも、そこでは「万人の万人に対する戦争」が繰り広げられていたためである――そこは彼らと同じように悲惨な境遇におかれた顔を持たない不完全な人間や、自らの新たな環境が居住に適さない場であるがゆえに疎外されていると感じる人々が暮らす世界であった。彼らが、初期資本主義段階の工場で仕事を始める匿名の群衆の中に共通の利害を発見し、その発見を基にして、実験や、不成功に終わる試み、挫折、敗北、長く記憶されることになるつかのまの勝利の時代を切り開き、「連帯」という言葉で飾るまでには長い年月が必要であった。そして、奴隷状態から解放されるために組織的な連帯行動を編み出したり、それを制度化したり、実践したりするまでには、さらに長い年月を要した。

今日私たちが置かれた環境はそれと似かよっている。すべての人々にやがて訪れるはずの希望の持てる始まりを期待して耐え忍んでいる人々がいる一方で、幻滅を覚えたり、感情を傷つけられたりして欲求不満に陥り、自分たちの願望を過去に向けようとする人々がいる。しかし、いずれにしろ、ほとんどの人々は、来る日も来る日も、ささやかな満足感をもたらしてくれる機器によって、一見安全そうな個人的な関心事や自己言及という避難所に退避して意欲や期待を弱めることで、耐え難い現実を耐えるのに精いっぱいの状態で、(未来にも過去にも) 関心がなさそうである。しかし、私たちはまだその避難所の安全性や、自己言及の持つ不誠実さに真剣に向き合おうとしていない (もちろん、そこから結論を引き出そうともしていない)。ほとんどの人は、やけどした指に息を吹きかけながら、フレイザーが記したように、集合意識 (集合行動については言うまでもない) は扇動的であるか無邪気であるかのいずれかであると信じ続けている。

欲求不満ややけどした指の痛みは現実のものである。しかし、ほとんどの人がそこから実際に引き出す結論は一つだけではないし、一つだけが説得力があるというわけでもない。そしてもちろん、「決着済みでも」事前に決められているわけでもない。逆に、それらの結論は知らず知らずのうちに信じ込ませてしまう何層かの前提に基づいており、そのいずれも論理的に完璧なものではない。サリー大学の持続可能な発展学の教授であるジム・ジャクソンは、次のような簡潔な言い回しの中に、以上のすべての前提を含み込もうとしている。「それは私たちについての物語である。言い換えれば、自分が持っていないお金で、自分が関心のない人々につかの間の印象を与えるために、自分にとって必要のないものを買わされる人々についての物語である」[3]。手短に言うと、この言い回しは次のことを意味している。つまり、私たちは意味のない先入観や決まりごとを植え付けられ、それを自分たちの実在しない地位を確認するごく簡単なレシピと信じ込むようになったのだ。

ロバート・マートン〔一九一〇—二〇〇三、米国の社会学者〕の社会的取り決めの持つ顕在的機能や潜在的機能と、それらが遠回しに暗示し求めている行動パターンの間の注目すべき違いという考え方を当てはめると、消費文化が求める生活様式の顕在的機能が顧客の欲求と選択に寄与し、彼らを満足させることであるのに対し、その潜在的機能（マートンが指摘するように、全体的な取り決めの持つ現実の起動力）は、消費者の本当のニーズに応えるものが慢性的に不足する中で、幻想的なものを幻想的に満足させる戦略によって生活を耐えられるものとし、そうした生活に適応できるようにすることである。

ウンベルト・エーコは、現在ではよく知られるようになった、以上の考え方を参考にしながら、そのしくみについて、独自の鋭い検証を行っている（一九九一年の論文の中で）[4]。

権力を持つ人間はすべての電話に出なくてもいい人間であり、逆に彼はいつでも、いうなれば会議中である……。
それとは逆に、携帯電話を自らの権力の象徴としてひけらかしている人間は、自分の絶望的なほど低い地位をみんなに表明しているようなものであり、ＣＥＯから電話がかかってきたら、恋人とベッドにいるときでも、すぐさま姿勢を正して電話に出なければならない……彼がこれみよがしに自分の携帯電話を使用しているという事実そのものが、こうしたことを自覚していない証拠であり、アピールであるどころか、自分が社会からのけものにされているという事実を確認するものである。

スティーヴ・フレイザーが『黙従の時代 *The Age of Acquiescence*』[5]と呼ぶものについて綿密な調査を行った目を見張るような研究には、「組織された富と権力に対するアメリカ人の抵抗の顛末」という副題がついている。本書は、城の中に引きこもっている「権力を持つ人間たち」を支えたり、彼らを不正なアクセスによる異議申し立てや抗議活動から守ったりする作業に携わる人々の力について概説したものである。フレイザーの疑問は、なぜ「ウォール街を占拠せよ」運動は起こったのか（明確すぎるために、回答に長文を費やす必要のない問題）ではなく、なぜ「起こるまでにそんなに時間がかかった」のかである。そして、刊行の二年後に本書を読んだ後知恵の強みを借りて言うと、なぜその運動はそれほど早く鎮静化し、急停止し、ウォール街にほとんど打撃を与えることなく消滅してしまい、「権力を持つ人間」が、残りの九九％の国民の考え方や行動を理解するきっかけにならなかったのだろうか。とくに、「政治家の側が、人々がすでに十分味わっているもの、つまりさらなる緊縮生活を指示していたなら、アメリカの九九％の人々の『回復』に対する信仰じみた信念も幻覚にすぎなくなっていたのではないか」、そして、かつての「しかるべき未来に対する普通の人々の希望も消え失せて、怒りの時代が始まっていたのではないか」。

初期近代という時代の、活力があって、騒々しくて、自己主張の強い、自信にあふれるユートピアから、今日の自信なさげで、落ち込んでいて、負け犬のレトロトピアに至る途上のどこかで、ピュグマリオン〔ギリシャ神話に登場する彫刻家〕は、（オウィディウスの『変身物語』によると）自らが生み出した大理石彫刻、ガラテアの魅力に惹かれて恋に落ちてしまったことを思い出し、自分自身の美しさに恋したナルキッソス――最終的には、水面に生じた自分の姿に恋している（ずっと映っているわけではないが）――と出会うことになった。

クリストファー・ラッシュ〔一九三二―九四、米国の歴史学者、社会批評家〕は同時代のナルシシズムをめぐる画期的な研究[6]の中で、資本主義社会の公認の性格である「経済的人間」は、ブルジョワ個人主義の究極の産物である「心理的人間」に取って代わられると表明した。資本主義社会の消費者＝ナルシスト段階が生み出す典型的な性格である心理的人間は、経済的人間とは非常に対照的である。

［心理的人間は］罪の意識ではなく、不安につきまとわれている。彼は自らの確信を他人に押しつけるのではなく、生活の中に意味を見出そうとする……彼は集団への忠誠によって得られる安心を犠牲にして、他のすべての人々を競争相手とみなし、家父長的な国家から与えられる恩恵を奪い合う……賞賛や承認を求めて過酷な競争を繰り広げている彼は、競争が無意識のうちに破壊衝動を連想させるために、競争には不信感を抱いている……彼はその欲望が無限であるという意味では強欲である……［彼は］即座に欲望が満たされることを願っており、常に欲求不満の状態にある……ほんの一瞬を生きること――自分の先祖や子孫のためではなく、自分自身のために生きること――が特徴的な情熱である。

ラッシュは、自己陶酔や誇大妄想が特徴である今日のナルシストと、「一九世紀のアメリカ文化の中でしばしば称賛された『壮大なる自己』」との類似性は表面的なものでしかない、と結論づけている――両者はちょうどピュグマリオン＝生産者とナルキッソス＝消費者の類似性と同じである、と私はつけ加えておこう。しかし、この類似性を偶然の産物と片付けてしまうことはできないことも指摘しておきたい。結局、昔の「壮大なる自己」を実現するために自己のナルシスト・モデルに戻ることは、自己アイデンティティを組み立てるためのマニュアルで溢れているこの社会の要請によるものである。つまり、それは、その他のすべての「過去への回帰」現象が陥っている状況と「表面上」、まったく類似点のない状況をもたらす原因と結果の積み重ねによるものであり、「自己への回帰」はその一例に他ならない。

一つの根本的な疑問は、こうしたナルシスト的な傾向を、一般的な「人格障害」とみなして治療する必要があるのか（そして医学的な治療の対象とするのか）、それとも「社会障害」とみなすべきかどうか、という点である。それらは増殖してはいても周辺的な（そしてまた、周辺的であり続けざるをえない、あり続けることが予想される）個人的異常なのか、それとも新たな正常さの表れなのか。それは人間を取り巻く条件の変化に伴って選択肢が設定し直された表れなのか、それとも今や自分で義務や職務を背負わなければならなくなった新たな性格傾向の表れなのか。ようするに、それは社会学の問題なのか、それとも心理学の問題なのか。たとえナルシスト現象を生み出している元凶を顕微鏡でとらえられたとしても、明確な答えを得るのは困難な問題であり、それについてアンソニー・エリオットが正しく観察し、記録し、描いている社会探査装置《ソシオスコープ》によると、

われわれが生きているのは、人々が性道徳の変化や人間関係の混乱に対処しようと苦闘し、自己のさまざまな定義づけを試みたり、日常生活における対人関係の要請と向き合ったりしながら、その中に意義を求めようとしている世界である。内面生活にとっての意義をめぐって、広範な文化と関わることになると、選択の承認を伴う。ここでいう選択とは、自

己の感覚が形成され、再形成される積極的で創造的なあり方を理解することを指すが、それと同時に、私的な領域に関する私たちの思考に他者や文化が多大な影響を及ぼしていることを承認することも意味する。(7)

ラッシュの広範で集中的な議論に基づく確固たる意見によると、ナルシスト的な反応の引き金となる「内部の空虚さや寂しさや不確かさの経験」は「米国社会に広がる好戦的な条件や、人々を取り巻く危険や不安、そして将来に対する自信喪失に起因している」。この仮説はまったくの真実ではないにもかかわらず、真実であり、真実に他ならないと感じさせる。見落とされているものは、ナルシスト症候群に加えて、手に負えないほど多大なリスクを抱えることと、それが生み出す恒久的な不安との結びつきである。私が思うに、この結びつきは、生活の失敗の責任をことごとく生活を営む人間に負わせることから生じている。

オウィディウスの『変身物語』第三巻に登場する盲目の予言者テイレシアスは、ニンフのリリオペからその息子ナルキッソスの今後の運勢を占うよう求められ、自分が盲目であるがゆえに、ナルキッソスが「自分を知らないままでいれば」、彼は長生きすると予言した。偶然にも、現代のナルキッソスは自分たちが生まれ落ちた文化のために、「自分を知る」ために努力を重ねざるをえない。実のところ、これこそ彼らがナルキッソスに変わる主な原因である――そのためのしつけや訓練や練習は幼いころから始まって生涯にわたる。

ジークムント・フロイトは人間の条件や精神については慎重で用心深かった。そして、警告を発しながらも、「自分を知る」ことへの衝動が障害の一症状なのか、それとも人間の精神に一般的な傾向なのかについては明確な判断を避けている。フロイトは、このディレンマの率直かつ明確な解決策がそもそも困難なことを示すために、ナルシシズムに関する臨床的な記述(当時権威があるとされた一八九九年のパウル・ナッケ版における「自分の体を、性的な対象を扱うのと同じように扱う態度」)を拡大して、この考え方は「人間の通常の性的な発達過程で一定の場所を求めている」のかもしれない……「そうなると、ナルシシズムは逸脱ではなく、保存本能というエゴイズムに対するリビドー(性的欲動)の補完物ということになる(当然のことながら、あらゆる生きものに備わっている可能性がある)」と述べている。「ナルシシズム」はフロイト自身の拡大版では、「二つの根本的な特徴である、誇大妄想と、外部世界(人やもの)への関心からの退行を意味している」。にもかかわらず、以上の二つは密接に結びついている。つまり「外部世界から退いたリビドーは自我《エゴ》に向かう」。いわば、この二つの間には総合的・相反的な愛憎関係があることになる。「私たちは、広く言えば、エゴ・リビドーと対象リビドーの間のアンチテーゼ(反立)についても考えている。一方が使用されればされるほど、他方は枯渇していく」。フロイトのアプローチは、まだ「ナルシシズム」に悩む人間を「臨床例」とみなすのではなく、人間の自然な性質の中の異常とみなしている……フロイトは「人間は二つの明確に区別される集団に分類される」と結論づけることを拒んでいる。人間はどちらかを好むかもしれないが、私たちはむしろ、各個人には両方の選択肢［依存性とナルシシズムの］が開かれている、と考えている。「誰にでも見られるもっとも重要なナルシシズムは、しかし、それ自体が支配的な流行の表れかもしれない」。私が思うに、一九一四年にフロイトが予想したこの可能性は、二〇一四年までに、私たちの行動を規制する規範に変わった。

心理社会的な規範になりつつあるフロイトの警告の影響について、ルトガー・ブレグマンは次のように記している。「いま重要なこと」は「ただ単に自分自身であること」であり、「自分のことを行うこと」である。したがって、表向きは私たちの最高の理想である自由は「空文化しつつある」(9)。残念ながら私たちにもっとも欠けているものは「朝ベッドから出る理由」である。「これほど多くの若者が精神科医にかかっているのは空前の出来事」であり、これほど多くの人々が早くからキャリアをふいにすることもなかったし、これほど多くの抗うつ剤が服用されたこともなかった、と。しかし、ブレグマンは暗雲の中にも光を見出しており、「広範なノスタルジア、つまり本当はそうではなかった過去に対する憧憬は、私たちが理想を生き埋めにした後もなお、それを持ち続けていることを示している」(10)と述べている。

「現在よりも悪くない」、つまり「同じものよりましな」（さらなる給与の引き上げや昇進、新しい機器、さらなる休暇、流行の服やクルマや壁紙に変えること）未来と結びつく、将来のよりよい社会に向けたあらゆる見通しを失ってしまった（あるいは背を向けてしまった）私たちが、本当に意味のある考えを求めようとする際に、ノスタルジアに駆り立てられて、(早すぎて?)埋葬されてしまった過去の偉大な考え方に向かうのは不思議ではない。私たちは、「よりよい生活」のヴィジョンと未来が結びつかなくなっていると結論づけることができる。それは結びつきを失う過程で商品化され、消費者市場の義務に格下げされ、その倫理的な妥当性を失って疲弊している。

しかし、「よりよい」や「改善」という発想そのものについてはどうか。私たちが想像をめぐらし、私たちの努力の不朽の源泉の中に取り込むよう促され、それを実行しようとしている価値は、現在進行中の文化革命の影響を受けてはいないのか。セデルストルーム・スパイサーとアンドレ・スパイサーが研究の過程で発見したように、[11] 今や新たな価値つまりは「心身の快適状態」が、比較的最近の過去から記憶されるものと入れ替わって、それらを押しのけている。「心身の快適状態」そのものが「道徳的な要求となり……消費者としての私たちは幸福(言い換えれば、私たち個人の健康)を最大化するための生活様式を計画し推進するよう求められている」。重要なことだが、「健康が一つのイデオロギーになると、それを満たせないことはスティグマとなる」。「自分の体を管理できない」人々は「……怠け者で、ひ弱で、意志薄弱で」、「下劣で学識に欠けており、すべての賢明な人々が抵抗すべきものを不法に恥ずかしげもなく楽しんでいる」として悪者扱いされる。著者らはスティーヴン・プール[12]を引用しながら、食生活の問題が私たちの現在のイデオロギーになっているのに加え、「(生存に関わる)大問題」について考えるよう促され、それに答えようとする際に、(私たちが信頼を寄せなくなっている)政治家や聖職者ではなく、有名シェフや栄養学者の意見を尊重するようになっている、としている。こうした転換は非常に重要である。つまり、私たちが自分たちの個人生活とその意味の探求を専門家に外注するようになると、「外部からの指導（コーチング）によって責任の内注化が生じる」（傍点は著者）ことになるからだ。「私たちは今やすべての考えられる問題について自分で責任を負わなければならない」。

かつては人々の道徳的態度の核心であったと思われる、責任を想定することと、それに忠実であり続けることについていえば、この新たな「自己への回帰」の道徳性は、責任を（いずれにせよ、私たちの注目や関心のほとんどを占めるその重要な構成要素である）「世の中」から（つまり、他人、近くの愛するもの、「私たち」、コミュニティ、社会、人間性、私たちが共有する地球から）私の体、つまりはその機能性や、十分な「快適さ」をもたらす能力に振り向けることに基づいていると述べておこう。こうした転換に伴って生じたコラテラル・ダメージ（巻き添え被害）が個人化であり、その道徳的義務の自己言及的なあり方である。この新たな道徳性は遠心的なものから求心的なものへと変わりつつある。つまり、かつては個人間の溝の橋渡しや、距離の短縮、統合に役立つ重要な接着剤であったものが、今では分断や分割、分離、疎外の手段に加わり、さらに膨張し続けている。

小説家で哲学者でもあるアイン・ランド〔一九〇五―八二、ロシア系アメリカ人〕の作品の中で現在人気のある話題をめぐる主流派の哲学者や権威ある文学者からの批判や中傷について、ウィキペディアは次のような情報を提供している。

一九九一年、米国議会図書館とブックオブザマンス・クラブによる調査で、クラブの会員に、人生にもっとも大きな影響を与えている本は何かと尋ねたところ、ランドの『肩をすくめるアトラス』が、聖書に次いで二番目に人気のある書物にランクされた。ランドの著書はその後も引き続き広く読まれており、二〇一三年の時点で二九〇〇万冊以上が販売されている（そのうちおよそ一〇％が、アイン・ランド研究所によって各学校に無料配布するために購入されたものだった）。一九九八年のモダンライブラリーの読者投票ではランドの『肩をすくめるアトラス』が二〇世紀の最良のフィクション作品に選ばれた他、二番目に『水源』、七番目に『アンセム』、八番目に『我ら、生きるもの』と、いずれもランドの作品が選ばれている。(13)

ウィキペディアによると、（販売数なども加味して）一般の人々の間で代表作とされた『肩をすくめるアトラス』は、否定的な批評が多かったにもかかわらず、世界的なベストセラーになった。こうした評価はおおむね、他のすべてのランドの小説や哲学書と共通している。アイン・ランドの物語は、それが紡ぎだす発想への驚くほど広範で飽くことを知らない一般の人々の需要を鮮やかに映し出している。彼女は、哲学や文学のエリートたちが見逃し、不毛状態となっていた私たちの生活世界の一画を見つけて、そこを耕した。あるいはその一画は、それらのエリートが適切に評価しなかったり、訪ねようとしなかったり、真剣に吟味しようとしなかったものかもしれない。その奇妙で異常なまでの不協和音と逸脱は、ナルキッソスの復活の複雑さ、生来の曖昧さ、今日の文化における全体としての「自己への回帰」運動の現状を示すものである（そうした理由により、哲学者らが——そして、この問題に関しては社会学者も——ずっと「アイン・ランド現象」を無視してきたことは重大な判断ミスに他ならないように思われる）。

ランドはその一画を「客観主義的な倫理」（「人間の生存の客観的な要請」のために取り出した）と名づけ、そこを耕して収穫しようとする作物を「合理的な利己性」（「人間の生存のために必要な価値」として取り出した）と呼んだ。[14]「人間社会」と称するものが、この定義の下地作りに何の役目も果たしていないことには注意が必要である。

ランドは、こうした言葉を選択した動機について率直に語っている。そして「なぜ、高潔な人格を示すためにわざわざ『利己性』という〔否定的な意味合いを持つ〕言葉を使うのですか。この言葉はあなたが本当に言いたいことにそぐわない上に、多くの人から反感を買っているというのに」と問われたことがあると打ち明けながら、「読者を不安な気持ちにさせるために」利己性という言葉を使っていることを認めている。彼女の説明によると、「利他主義は、他人の利益のためになされた行動は善であり、自分の利益のための行動は悪であるという〔誤った〕

説明を行っている」。そして、彼女の「客観的な倫理」とは相いれないこの種の説明は、「歴史上一貫して人間関係と人間社会を特徴づけてきた解決不能なあつれきや矛盾」を引き起こしてきたと常々主張している。

ようするに、ランドは非常に根源的な価値の再評価を求めていることになる。つまり、人間の条件や人間存在の根本的なディレンマ、とりわけ善と悪のそれぞれに割り当てられている場所を交換するよう求めているのだ。彼女は、「客観的な真理」が万人に対する万人の戦争としての人間の共同生活というホッブズの説明と両立することもほのめかしている——一方のホッブズが平和の希望を注ぎ込んだリヴァイアサンについては、その真理を誤って伝えた責任があると指摘している(そして、その誤りの恐ろしい結果のすべてに対して責任があると述べている)。彼女はまた、倫理が人間の利己心を求めるという事実は、悔い改めようとしている罪人や悔い改めようとしていない罪人である私たちの多くから、良い知らせ、つまりは利己主義に対する無条件の免罪であり、正道を外れた近代哲学によって着せられた罪や恥辱からの無罪放免と受け止められていると断言している。さらに、罪を犯したいと思っていてもあえて犯さないもっと多くの人々は、それを、将来のあらゆる罪に対する事前の免罪符として歓迎するかもしれない。しかし、一方でそれは、私たちすべてに向けられた警鐘と受けとられる可能性もある。というのも、それが「客観的な倫理」がもたらす利己主義の無罪放免と放縦に対する注意喚起にもなりうるからだ。アイン・ランドの「客観的な倫理」が持つこの良い知らせと悪い知らせ(という二つの側面〕によって、「合理的な利己性」という仮説が現実のものになってしまう可能性が高い。

そうなる可能性が高いだけではない。私たちはすでにそうなっている場面を目撃しており、急速なペースで事態が進展しているのを目にしている。そして、彼女のメッセージが以上のような二重性を持たざるを得ないがゆえに予想されるものとして、〔予想されると同時に、予知され、約束され、警告がなされ、励まされる〕自己学習や手作り、ハウツウものの出版物の急増に応えるための需要は大きく高まっており、あらゆるものが読者をそうした作業に駆り出し、それを〔有給ではなく〕自己負担で行わせようとしている。

しかし、その需要は二つに分岐している〔きっちりと分かれているわけではないが〕。一方はどうすればナルシストになれるのか、罪の意識を抱かずにそれを楽しめるかについての手引書を求めている人々からの需要であり、他方は、ナルシスト的な先入観から自分をどう守るか、そして他人の扱い方や、彼らに自分の考えや行動を反省させるかを知りたい人々からの需要である。同じ水源に発すると思われるもう一つの需要もまた二筋に分かれている。一方は創造性をはらんだ孤独の川幅を広げようとする人からの需要であり、他方は孤独の痛みに悩まされている人からのものである。それ以外のものは無数の漂流物から引き出されたいくつかのサンプルにすぎない。

ウィルソン・クーパーの慰めとなるような言葉の中に、「孤独は海辺の貝殻と同じくらい、人間にとって一般的である」[15]というものがある。幸いなことに孤独感は「一つの感情にすぎない。そして、たとえ感情があなた方に大きな影響を及ぼすことができるとしても、それは変えられるものである」。どうすれば変えられるのか。次の言葉を記憶しておこう。「あなたが自分を愛せるようになるまでは、誰もあなたを愛することはできない……あなたは、自分自身について考えてもいない感情を、ほかの誰かに期待することはできない。あなたがすでに自己の受容に関わる問題を抱えているなら、他人からどれほど称賛されても、その問題を免れることはないだろう」。あなたの周囲の人間があなたを評価したり非難したりすることは、それほど重要ではない。だからこそ、「勇敢な態度を身につけるように」。人前で自分の孤独をさらけ出すことを恥じないように。つまり、「入りたいと思っている新しいレストランや、ぜひ行きたいと思っているのに同伴者がいないので足を運んだことがないコンサートがあるかもしれない……人前で一人のところを見られても何の問題もないことに気づくように」。さて、このアドバイスは単純で率直なものであり、受け入れやすそうである。しかし、あなたがそれは期待するほどうまくいかないと思ったり、自分の行動が不十分だとわかったりしたら、どうだろうか――もしも、あなたが誰かに自分の感情を打ち明けたいと思っている場合に、「何か方策はあるだろうか」。幸いなことに答えはイエスである。セラピストもいるし、セラピストが処方してくれる治療薬もある。

アーリー・ラッセル・ホックシールドによると、[16]孤独に悩まされている自己は、他のすべての不完全な自己と同じように、今や「外注する」よう勧告され強制されている。私たち自身の感情を変えられるほど強力で万能な自己に残されているものは、恥という下劣な感情を抑えることである——そして新しく開店したレストランや人気のあるコンサートに、あらゆる障害をはねのけて、一人で出かけることである。

私たちの人生の道具箱にはそれほど多くのものは残されていない。ファストフードと携帯電話の時代に、旧式の社交術は、あまり試す機会がないために、忘れられるか急速に錆びついてしまっている。一般の認知や自尊心を勝ち取る技も急速に用済みになりつつあり、ウォーキングや水泳やダイビングなども、今やネットサーフィンに席を譲っている。もはや「重要な他人」が表明する証言の権威に頼るような時代ではない。他の人々にしても、私たちにとって重要な存在となったり、その判断の無謬性を認める機会を手にしたりする前に消えてしまい、接触すら持てなくなっている時代なのだから。クーパーは、そうした現象が引き起こす混乱の原因やそのダメージをたどろうとはしていないものの、次のように、おおむねそのことを認めているようである。「その人間は友人や家族の一員、さらには恋人［原文のまま！］であるかもしれないが、彼らがしかるべき方法であなたの生活を豊かにしているようには思えない［いまいましいことだが！］」（傍点は著者）——そして、自己苦悩型の孤独までも背負わされた、さほどナルシシストでない人間に対しても、彼らは同じことをしているように「見える」。孤独な自己に勧められる唯一の同行者は、カウンセラーやセラピスト市場で購入することで得られる。

そうした市場で手に入るものは、それを購入した人間が二つの前線で戦闘を行う際の武器になると思われる。ナルシストの自己関心と自己言及性が合流した流れが私たちにつきつける次の二つの課題に対処するには、そうした助けが必要である（それらのサービスを提供するカウンセラーとセラピストが勧めるように）。

最初の課題は、勧告を受けたナルシストの「合理的な利己主義」的態度が資産から負債に変わったり、称賛に値する「規範」から非難すべき逸脱に変わったりする境界線の少なくとも少し手前で止まる必要性である。自らのナルシスト的な傾向が――人間の絆の破綻によって時折、動揺するものの、市場やメディアの合体した努力によって日々強化される――他の人々にナルシストに対する反発を芽吹かせ、生じさせて、他の人々と有意義な（もちろん有益で満足のいく）関係を築くチャンスが失われてしまう寸前で止まらなければならない。提示される最初の支援の一例として、たとえば、テッド・ドーソンの『利己心と自己陶酔――あなたの関係の崩壊をどう食い止めるか *Selfishness and Self Absorption : How to Stop It from Ruining Your Relationships*』や、キャロル・フランクリンの『ナルシシズム――ナルシストの告白 *Narcissism: The Narcissist Laid Bare*』を参考にしてみよう。

第二の課題はナルシスト的傾向が過剰な相手の扱い方から生じる。この課題に対する回答の一例として、エヴァ・デラーノの『ナルシシズム問題の解決策――あなたのパートナーや親や友人や同僚がナルシストだったらどうするか *Narcissism Problem Solution : What to Do if Your Partner,*

Parent, Friend or Work Colleague is a Narcissist?』を挙げることができる。しかし、これらの二種類の専門家のアドバイスの境界線が少しも明確でなく信頼もできないことには注意が必要である。その対象の性格上、カウンセラーもセラピストも、クライアントである患者の要求に応えるに当たって、同じ現象に焦点を当てた二つの明らかに矛盾した要求である、いかにして有効なナルキッソスであるかと、いかにしてナルキッソスからその有効性を奪い取るかの間で、きまり悪そうに、そしてまた不安そうに方向転換を図らざるをえない。

エリック・ガンディーニの最新のドキュメンタリー・フィルム『スウェーデン人の愛の理論 *The Swedish Theory of Love*』[17]には、その舞台であるスウェーデンのみならず、スウェーデン国境のはるかかなたからも、大きな関心が寄せられている。彼の確固たる主張によると、スウェーデン社会は「豊かであり、その富が私たちにもたらすものは自由時間である。私たちはそれを自己開発と反省に費やすことができる」。しかし、すぐさま次のようにつけ加えている。もっと近寄って見ると、幸福や福利の背後から浮かび上がってくるものが孤独であることが分かる。ストックホルムでは住民の五八％が単身世帯に暮らし、四人に一人が孤独死し、抗うつ薬の消費量は過去二〇年間に二五％も上昇した、と。

トニー・ジェトン・セリミの『孤独——近代のウィルス *Loneliness : The Virus of the Modern Age*』[18]と題する研究書のカバーには、ジョン・デマルティィーニ博士（ウィキペディアによれば、「世界的なベストセラーとなって二八カ国語に翻訳されている著書が九冊を数える」[19]）の「空虚な砂漠の中で結びつきや自由や愛を求めてやまない魂のための鎮痛剤」という言葉が印刷され、その他にも、三〇人余りの著名なコーチングや治療の専門家からの称賛の声が掲載されている。『孤独――近代のウィルス』は非常に真面目な研究書であり、広く読まれて大きな影響を及ぼしている（セリミは自らのネット広告の中で、「世界的な実業界のリーダーやCEO、起業家たちの間で、人間行動と認知の専門家として知られていると自己紹介を行っている」）。セリミ自身は、自らの著作を「既成の規範と相容れず、それに違和感を覚えながら、悩んでいる人々」に捧げる、としている。

セリミの書は、私たちが日頃の経験からよく知っていて、腹を立てながらも、皮肉なことに（あるいは結局のところ、それほど皮肉ではなく）、日々熱心に貢献することで支え続けてしまっている、ある現象を取り上げている。序文の中で彼は次のように述べている。

分離、隔離、孤独、断絶は私たちのあらゆる生活圏につきものである。私たちの日々の通勤時や、空港やレストランへの道すがら、携帯電話やiPadやパソコンをかたときも離さず、懸命に接続しようとしている人々の姿が目に入るであろう。しかし、周囲を見回してみれば、多くの人々が自分の近くにいる他人の存在を無視し、彼らと個人的な関係を築くことができず、簡単な会話にさえ尻込みしていることに気づくはずである。

一見したところ、以上の段落には取り除くものもなければ加えるものもなさそうであり、短いけれども有益で慎重な言い回しである。しかし、一つの段落では忘れることができても、一冊の本となるとそれではすまなくなる。読者が完全な情報や、そうした警告への納得のいく回答をどこに求めたらいいかについて簡単な情報を得たいと思いながらページを繰っても、一番重要な事柄が語られていないために、加えて欲しいことがたくさんあると感じることだろう。本書の題名が示すテーマへの序文であるはずのものが、故意に約束された道筋から外されてしまっているように思える。

二〇世紀の初頭に話を戻すと、その当時頻繁に発生していた腸チフスを診察した医師は、この病気の患者には（四〇度かそれ以上の）高熱が出るものと考え、患者を桶一杯の冷水に浸していた。同じ理屈は社会的な病弊や不満を診断し、治療している、前記と似かよった治療法にも当てはまる。そしてまた、その効果の度合いという点でも類似点がある——明らかに今日も生き延びていて、健在であり、「責任の外注・内注」先（現在、社会科学と個人的なカウンセリングの境界面のグレイゾーンに位置することで悪名高い）に委託すれば完全にまた本当の意味で自宅で気兼ねなく行える。「近代のウィルス」ともいえる孤独の診断と、記号論と、提案される治療法は、その論理が今も生き延びていることを示す一つの証拠である。

孤独とそれに対する恐怖心は広範に見られる感情であるだけではない。それは、リキッド・モダンの生活経験にしっかりと根づいた私たちの時代の否定しがたい事実であり、そうであるがゆえに、それと一定の距離を保つための根本的なワクチンでありえたものや、それらの密かな毒物に対する一度限りの対抗策でありえたもの、それとの長期的な関わり、とりわけ不確定な関わりを防ぐ根本的な解決策でありえたものに対する嫌悪感や反感でもある。私たちを取り巻く一時的ではかない生活条件を考えると、たとえ相互の責任を伴う契約に基づく長期計画でも信頼に足るものではない。いずれにしろ、それは損得計算や成功と失敗の確率に相当な数の未知の変数が加わることで、そのリスクの範囲は広がることだろう。どの集団の信頼性にも疑問符が投げかけられ、どの同盟も一時的なものに変わってしまうために、ネットワークや同盟や連携も孤独という亡霊を追い払うことができない。この亡霊はあらゆるレベルの人間の連帯にとりついており、既存の人間同士の絆（それがどれほど骨折って築いたものでも）や、居住地が永続する保証を奪い去っている。

もっとも根本的で基本的な人間の連帯である愛情関係や、「二人の人間から成り立つ道徳的な集まり」[20]から話を始めることにしよう。現在の苦境をめぐるこの物語は、ベルギーの著名な精神分析学者ポール・ヴェルハーゲ[21]が語っているように、平均的でいまだに一般的な場である家庭（急速に数多くの利点を失いつつあるが）に対する考察から始まっている。そして次のように記している。「一つの世界が消滅しつつある」「疑問符を多用することが特徴である世界が――『主婦』が『親友』の夫を自分の部屋に招き入れて「お酒を飲んだ」。この文章も、今では昔のような意味を持たなくなっている……家庭生活は劇的に変化し、昨日のカップルはほとんど消えてしまった」。ヴェルハーゲはそれが消えてしまった結果（あるいは原因）を探りながら、次のように続けている。「時代遅れとなったロマンチックな愛の告白は、今でも行われることはあっても、虚ろなものになっている。永遠の愛に関するかつての期待ももはや当てはまらない。それは『しばらくの間』、『それが続く限り』にすぎなくなっている。若い世代はめったに『私の愛』や『私の夫・妻』といった言葉を使わない。それは『私のパートナー』でなければならない」。

現在の「愛情関係」の特徴は、暫定的な取り決めの持つはかなさにある。それは少しも透明なものでも明確なものでもない。しかし、逆説的なことに、「老若男女はいまだに生涯にわたる愛情関係を夢見ている。現実にはそれが困難であることが、かえってその夢をいっそう生き生きしたものにしている」。この逆説の謎を解くための重要な一歩は、「かつて（永続性のある愛情関係にとって）重要な事柄はセックスであったが、今では安全が重視されるようになっており、愛情は孤独なときの治療法である」（傍点は著者）という事実に気づくことである。

私が思うに、愛情は今や活動的でひたむきで、ときには情熱的で怒りに駆られたりする私たち生活者が演じる果てしない「安全対自由」ゲームの担保の一つになっている。言い換えれば、その主要産物や副産物、それを組み立てる人間や、著者や演じ手と関わりがあるものになっている。安全を優先する、（ヴェルハーゲの言葉を借りれば）「疑問の余地のないほど明確に規定された制約」は、壁が崩れてしまった時代である「二〇世紀の後半に取り払われ」、「新しいオープンな男女関係への扉が開かれた」。しかし、壁の崩れる音に軋む音も加わった、騒々しいが非常に短期間のうちに高まった期待も、もう一方の壁に虚ろな空間が露わになると、しぼみ始めてしまった。かつては、問題に対する無数の本当の答えが明らかになり、吸収されて、満足のいくほど喜ばしいものとして活用されることが期待され、熱望されていたのだが。

愛情が、膨張する一匹狼の群れに安全が陥る袋小路から逃れられるものは存在しない。一方が促そうとするものに、他方は異議を唱える。安全と自由に対する衝動は見事にバランスが取れていて、さらなる安全と、さらなる自由に対する欲望という相反する衝動は以前にもまして理論的に和解できそうにない――実のところ、その魅力と行動力を互いに奪い合っている状態である。両方が同時に高まることはほとんど考えられないが、一方だけが高まる場合には、必ずその主要な効果として、もう一方の挑戦的な態度がさらに激しくなるはずである。この争いが孤独な運命にどのような影響を及ぼすのか、予測するのは非常に困難である。

抵抗している中で、自由と安全が陥る袋小路から逃れられるものは存在しない。

メリッサ・ブローダー〔そのツイッターには数多くのフォロワーがいる〕の心身のストリップショー(22)ともいうべき著作物〔『今日とても悲しい *So Sad Today*』のことを指す〕は、オンラインとオフライン、つまりは、私たちがその間を日々漂い歩いていて、その中で私たちの世界内存在のモードが分裂してしまっている（私たちの自身の検死解剖を促している）二つの世界で、一夜にしてベストセラーになった。本書について文芸批評家と一般の読者の見方は一致している（これはめったに起きないことである）。後者は、ブローダーの告白の中に、前者が見出すと約束したものを見出した。それは、自分たちの経験をどう言葉で表現するかという、常に頭を離れることのない問題に対する回答である。読者は自分が理解できて他人に伝えることのできる包みの中に、自分たちの内部・外部感覚を収めようと懸命に努力している。二〇一六年三月一四日付の『エル』は「自らのアルターエゴを通じて不安や不確実性、性的な妄念、存在の恐怖心を支配しているこのツイッターの女王」に熱狂し、「彼女はショックから立ち直ったようにはみえないが、生き延びたことは確かなようである」と記している。ロクサーヌ・ゲイによると、「これらのエッセイは嘆かわしく不愉快なものだが、ある種の華やぎがあり、今この世界に生きることについて多くのことを明らかにしている」。ブローダーの熱烈な読者で、（非常に確実なことだが）彼女に感謝の念さえ抱いている読者が直面するディレンマについては、ブローダー自身がその最初のページで率直に記している。「外部の材料は、自分が軽蔑すべき人間であると感じさせるために存在する。それは、自分の身に起こるどんな望ましい事柄も、間違いや、主観的なものであって、決して自分の善良さの結果ではないと受け止めるための手近な手段である。それとは逆に、望ましくない事柄は客観的な真理である。そして、それは常にあなた自身の落ち度である」。

　この世に生まれてくることで、人々は否応なく、「外部の材料」から本当の自己を組み立てるという魅力のない作業に取り組む世界に投げ込まれる。そのことを考えると、本書の最初の表明と他の部分の結論が次のようになるのも不思議ではない。「胎児を本人の同意もえずにこの世界に連れ出すのは非道徳的であろう。子宮を去ることもばかげている。子宮は涅槃なのだから」。さほど奇妙とも思えず、実際のところ、既定の結論のように思えるのが、「私は子宮を去りたくなかった」や、「私はそれ以来そこに戻ろうとしてきた」というメリッサ・ブローダーの語気の強い断定的な告白である。なぜそうなのか。「最初にこの世に生まれた日に、私は満たされていないことに気づいた」からである。そしてその気づきとともに、日に日に恐ろしさは増している。

メリッサ・ブローダーが帰還を夢見る子宮は、彼女に言わせれば、涅槃の実例である。涅槃という言葉の源である仏教によれば、それは苛立ちや悩みの元になる渇望や欲求が一掃された状態を指す——実際のところ、それは望ましいことや望ましくないこと、楽しいことや苦しいこと、愉快なことや不満なことなど、あらゆる刺激の元になるものやあらゆる情熱を「吹き消した」状態である。ふたたび仏教の教えに戻れば、その約束された結果が「無我」の境地である。言い換えると、それは、ブローダーの永遠に「満たされていない」——常に追い求めながら決して達成されないタンタロス〔ギリシャ神話の登場人物〕のような状態とは正反対の状態である。そして明らかに、私たち、運命のおきてによる自由な選択者が追い求めざるをえない人生とは真逆の状態である。「子宮への回帰」とそれに伴う涅槃状態に戻りたいという願望は、パラダイスに対するノスタルジアのいわば孤独な個人版であり、したがってそれは、まぎれもなく、不安げなアダムとイヴの後継者である。自分の非礼や失敗や過失の責任を一人で背負わなければならないことで生じる疲労に対する即効性があって根本的な治療法は、自由選択の放棄に伴う代償がささいなものに思えるほど高価なものにならざるを得ない。

日々経験している非常に親密な場とは異なる世界や、うんざりするほど慣れ親しんだ場所から離れた世界に対する夢やノスタルジアや憧れは（本当のところ、それは代替的な存在条件への夢に他ならない）、すべて集団でより良い生活を求める旅の旅程表の役目を果たしている。またそれは、より快適で不都合なことが少なく、現在の世界が提供してくれない品物を提供してくれて、蔓延している病気を一掃してくれる。ブローダーの子宮・涅槃は、私たちが近代の歴史の冒険の結果たどりついた場所を示す役目を果たしている。中世の豊穣《コケイン》の地は、その冒険の始まりを印すものだった。「背中にナイフが刺さった豚の丸焼きが空中に浮かんでいる夢の国を想像してみよう。その国では焼けたガチョウが口の中に飛び込んでくるし、料理された魚が足元に落ちてくる。気候はいつも穏やかで、無料で飲み放題のワインが流れており、セックスの相手は簡単に見つかり、すべての人が永遠の青春を謳歌している」。

これが、アムステルダム大学名誉教授（オランダ文学）ハーマン・プレイジがその目を見張るような研究[23]『コケイン（豊穣の地）を夢見る *Dreaming of Cockaigne*』の中で構築した「骨折り仕事や日々の糧を求める闘いから解放される中世の農民の夢[24]」である。そこでは社会のすべての決まり事が「無視され（僧院長が修道士にたたかれ）、性的な自由が開かれ（修道女がおしりをまくられ）、食べ物が豊富にある（空からチーズが降ってくる）」。私が思うに、この夢は近代の冒険の扉を大きく開くものであり、それによって、歴史の舞台からそれを駆り立て、その軌道を維持し（たとえ人目につかず意図しないものでも）子宮・涅槃に堂々と入場する場を掃き清めようとするものである。つまり、それはリキッド・モダンのプレカリアートにとっての夢である、持続可能な自己同一化を阻む強烈な三重の苦境から抜け出す道を提示することや、かつての選択によって生じたダメージを修復するためにより多くの選択肢を持つこと、そしてまた、それらを人生の意味（複数の意味？）を構築するための素材として活用することである。豊穣《コケイン》の地のヴィジョンは始動への呼びかけであり、子宮という涅槃の視覚化は休息への呼びかけである。

かつて、豊穣《コケイン》の地のヴィジョンは悲惨な欠乏状態に苦しむ人々のために作られたユートピアであった。他方の子宮への回帰による涅槃は、わずらわしい負担が多い中で、浮き浮きするようなチャンスや選択肢、魅力的な感覚、愉快な娯楽、可能な手段のために生み出されたものだった――そのそれぞれに賭けに敗れる危険性が伴っていたが。ようするにそれらは、苦しみを味わったために幻滅を感じ、疲労困憊し、やつれ、疲れ切った人々のためのものであった。しかし人々は、豊穣《コケイン》の地の中に恐ろしくて、現実に引き戻されるような結末を見たために、気力を失い、落胆する結果となった。

ウンベルト・エーコ[25]は、まるでジョージ・ハーバート・ミードの「主我《アイ》」対「客我《ミー》」の弁証法に関する分析によって口火が切られた長い議論を要約するかのように、人間の「基本的な条件」である「自らの自己の内部に他者を持つこと」を表明している。

私たちを規定し形成するのが他者のまなざしである。私たちが食べたり眠ったりしないと生きられないように、他者のまなざしや反応がなければ、私たちは自分が誰なのか理解することができない。人を殺したり、レイプしたり、盗んだり、迫害したりする人々ですら、例外的な場合を除いて、人生の残りの時間を自分の仲間に承認や愛や敬意や称賛を求めることに費やす……誰もがわざと私たちを見ないと決心し、私たちをまるで存在していないかのように扱うコミュニティの中で生活する結末は、狂気や死であろう。

エーコによると、この「人間の基本的な条件」に代わるものは「性的な関係や、対話の喜び、子や孫に対する愛情、愛するものを失う痛みについてまだ何も知らない、獣のように孤独な存在であるアダムのような状態である」。そして、アリストテレスがすでに二五〇〇年前に述べたように、ポリスの外側、言い換えると人間の集まりを離れて生きられるのは天使と野獣だけである。人間は天使ではないし、野獣であることも受け入れそうにない。仲間のいない人間とは、完全に言葉の矛盾である。

仲間は人間を人間にする、もっとも堅固な現実である。人間は孤独な存在として生み出されたわけでも、そのように想像されているわけでもない。しかし、子宮という涅槃の中には他の人間は存在しない（そして、そういう理由から〔そこにいる胎児は〕まったく人間ではない。「子宮の中にいるのはどれほど素晴らしいことか」（暖かくて、居心地がよくて、静かで）と言えるためには、一人前の人間でなければならない――子宮を離れて初めてそう言えるための訓練が始まる）、一方の何の苦労もなく常に満腹の状態でいられて、義務や職務を果たさなくてもいい豊穣《コケイン》の地の居住者には、あまり欲求もなければ、他人と目配せを交わしたり、握手したりする機会もほとんどない。したがって、涅槃の暖かさを実感するには、冷たくて強い風の吹く世界にしばらく滞在する必要がある。そして、称賛され、夢見られ、眠気を催しそうな甘くて不安がなくて怠惰な天国である豊穣《コケイ》の地《ン》にしても、苛立たしい気持ちや苦悩に対する日々の格闘や、それらをつぼみのうちに摘み取ったり、それらに反撃したり、それらが残した損害を修復したりする努力がなければ、その名声や魅力をほとんど失うであろう。

　現在の存在条件の下での「子宮への回帰」現象のうっとりさせるような魅力は、声高に表明され、密かに続けられている日常的な仕事の「下請け化」にその原因がある。それに加えて、それらの適切かつ規範によって規制されている達成に対する責任が、人間の連帯の形態であるゲマインシャフトとゲゼルシャフト（フェルディナント・テンニースの言葉）や、コミュニタスとソシエタス（ヴィトール・ターナーの表現）の肩から外されて、自分自身や（自分の努力を称えたり非難したりする）周囲の人間を満足させられる資源もスキルもないことで悪名高い（すぐにそうであることが分かる）個人の肩にかけられていることも、その一因である。これは職務の壮大さとアクセスできる手段の少なさの間のあぜんとするほど大きなギャップを示す一例といえよう。言い換えれば、個人はその積載能力をはるかに超えた、永続的で救いがたいほど過大な負担を背負っていることになる。抑圧された子宮の記憶と豊穣《コケイン》の地に対する漠然とした夢想が、この種の未来から遠く離れたリキッド・モダンの世界のアクターを「否応なく駆り立てる嵐」によって眠りから目覚めさせるのは不思議ではない。彼らがどこから急いで逃亡しようとしているのか、またそうした衝動に対する罪悪感を免れようとしているのか、容易に推測することができよう。しかし、彼らは――私たちのほとんどは――いったいどこに行こうとしているのか。

消費市場と個人消費者から構成されるリキッド・モダンの社会は、豊穣《コケイン》の地の夢を生き延びさせる試みとみなすことができよう。それはその夢を手元に引き寄せ、ファンタジーの世界から現実の場に移すことで、一見手が届きそうだと思わせる一方、（欲望という走り高跳びのバーを絶えず引き上げることで）結論に至る前に慎重に踏みとどまり、それによって、さらなる努力を不要にすることで、それを魅力的なものにするのである。それに加えて、今や誰もが常時使用可能なデジタル機器から生み出される仮想現実を手にしたことで、この社会は、子宮への回帰の夢を駆動できる状態にし、現実のものとする戦略を用いているのかもしれない。

子宮は寂しいけれども安全で異議申し立てにもさらされず、干渉されることもない場所であり、そのただ一人の住民の発達を損ねたり、そのボーナスや特権を盗もうとしたり、張り合ったりする相手もいない。そこの住民である胎児に考える能力があれば、当然自省する能力も備わっていると考えられる。つまり、子宮の住民は、明らかに、そしてまごうことなく、自分自身にとっての気遣いや吟味や価値論的な関心の対象となろう。デボラ・ラプトンが述べているように、[26]デジタル技術の導入によって「自分の体や生活の各要素を、自己改良や反省の対象として監視し、測定し、記録する」ことが可能になっている（実際には、それがすべての人の手に収まるようになっている）。さらにつけ加えれば、意識を与えられた仮想の胎児が妨害も受けず中断もされることなく取り組む作業はフルタイムのものであろう。胎児は命令されたり、せかされたりすることもなくそれを行う。「その自己追跡は他人の目的を叶えるためではないがゆえに、奨励されたり、強制されたりする」こともない。私たちの仮想の胎児の完全な宇宙である子宮の内側には「他人」は存在しないがゆえに、自己追跡を強要されることもなく激励も不要なのである。ラプトンが繰り返し主張しているように、胎児が最終的に加わる仲間は、「幾度となく激励され、『ひじで促され』、強要され、強制されて、他人のためにも使用される個人データを生み出すために自分の生活のさまざまな側面を監視されている人々である」。「自己追跡は、自らの人生の機会を管理し向上させることに対する自覚や反省や責任の取り方をめぐる文化的期待を満たそうとする自己の実践とみなすことができよう。したがって、自己追跡は新自由主義的な起業家の理想を賛美するものと言える」。

おまけに、この「新自由主義的な起業家の理想」、つまりは新自由主義の支配の下での文化的にほとんど「不可欠なもの」は、「子宮への回帰」現象の出現を説明するのに大いに役立つ。後者はもっかのところ支配的な生活哲学にうまく社会化した結果である。あらゆる社会化の成功例をめぐる物語と同じように、この物語も「私はこうしなければならない」を「私なら今後こうする」に再生利用することから始まり、前者を解体して後者に同化させ、「不可欠なもの」をもはやそう思えないものにすることで完成に至り、ほとんど目に見えないものとなる。ごく稀に、それは、悪意というより承認とみなされ、記録されることがあるが。すべての社会化は結局のところ、人々を条件づけることによって、彼らがしなければならないことを自ら進んで行わせることを目標にしているのだ。

フランク・ブルーニは、私たちが追いやられ、私たちが喜んで、感謝しながらたどりついている状況を完璧にまとめている。(27)

フェイスブックについて警告を発している人々は正しい。私たちがスマートフォンやタブレットやラップトップコンピュータで時間をつぶしているときや、好みのウェブサイトを飛ばし読みしたり、カスタマイズされた番組をスクロールしたりしている間、私たちは既定の結論に向かっている。私たちは従うよう圧力をかけられている。

しかし、マーク・ザッカーバーグの給与明細の上の目に見えない人形遣いに責任はない。

本当の容疑者は私たち全員である。とりわけ他人の範囲を広げたり、人々を集めたりして、文化やイデオロギーの面で硬直した同族集団を作る段になると、フェイスブックが何もしてくれないことを、私たちが自ら行うことになる。

私たちは従うよう圧力をかけられており、圧力をかけられたいと願ってもいる。誰かに誘導してもらえば、自分たちのやり方を失うのではないという恐れは解消されるからだ。親しみやすさは慰めになり、不安は取り除かれる。言い換えれば、慰めや不安の解消が必要な状況から私たちは解放される。私自身について言えば、「快適ゾーン」や「反響室」「鏡の部屋」などの言葉によって、私たちが求めようとする垣根で囲われた小宇宙や、フランク・ブルーニの「マーク・ザッカーバーグの給与明細の上の見えない人形遣い」の支援を受け、誘導されて、自分自身を操作したがっている小宇宙を示そうとしてきた。「快適ゾーン」とは、不協和音に妨げられないどころか、それを払いのける場所であり、聞こえてくる音は自分の立てる雑音の反響だけであり、見える景色は自分自身を映したものだけという場所である。それは電子的な装置が私たちにもたらしてくれる（私たちがそれを出助けする）ものと同じくらい、子宮という涅槃に近いものである。オンラインの仮想世界では、インターネットが私たちのスマートな乗り物であり、それには、その強烈なパワーを、私たちが全力で補ったり強めたりすることのできる万能のエンジンが備わっている。

ブルーニは、『高潔な精神 *The Righteous Mind*』（二〇一二）の著者、ジョナサン・ハイトの「私たちが望んでいるものは、同胞とより多くの時間を費やす一方で、異質な人々とすごす時間を減らすことである」という言葉を引用している。おまけにインターネットを操作する人間はみなそれに従いたがっている。つまり、ブルーニが指摘するインターネットは、「私たちに、内容に関わりなく、同じものをより多くもたらすよう設計されている」――そして、さらに重要なことをつけ加えれば、内容に関わりなく、異質なものを囲い込んで遠ざけようとするものである。

私はブルーニの人をとまどわせるような次の結論を支持する。「ケーブルテレビ・ネットワークの激増とインターネットの拡大が約束しているものは私たちの世界の拡大であって、その縮小ではない。それは、私たちが同じような精神状態の飛び地へと退却するスピードと徹底性を加速させる」。

「同族主義への回帰」現象と「子宮への回帰」現象は、いずれも「ホッブズへの回帰」の流れの強力な支流であり、ほとんど同じ水源に発している。言い換えると、それは腹立たしいほど気まぐれで不確かな現在の中に埋め込まれている、未来への恐怖心から生じたものである。その流れはいずれも袋小路の錯綜した地点でしだいに細くなっている。私たちがその流れの源を断てなければ、その軋む音も止められそうもない。これは、誘われたり強制されたりすることもなく、もう一度向きを変えようとしている歴史の天使の姿に他ならない。

エピローグ——変化を期待して

私たちは、混乱と矛盾の時代を生きている。それはほとんどすべての事柄が起こっているにもかかわらず、それを乗り切る自信や見込みがまったくない時代である。それは、原因が結果を追い求め、結果が、見込みもないのに、その原因を究めようとする時代である。それは、試験済みの手段の有用性が加速度的に失われつつあるのに（あるいは使い尽くされつつあるのに）、その代替手段探しが緒についたばかりの時代である――その成果にしてもマレーシア航空三七〇便の残骸の捜索程度のものでしかない。

それはまた常に既成の手段や方法が危機にさらされている時代である。権力と政治の分離や分離状態による危機（これは、権力が政治の統制から解放された一方で、政治は果てしない権力不足につきまとわれている中で、効果的な行動をとるのにもっとも重要な方法や手段が機能しないことによる）に加えて、今日の困難、さらには予想される将来の困難を前にして、急速に高まっている別の方法や手段に対する懸念が存在する。それは制度化された無能力と方法の機能不全に対する懸念である。私の念頭にあるのは、亡きウルリッヒ・ベックが記した次のようなギャップである。つまり、コスモポリタンな条件（世界的で地球規模の相互依存と相互作用、交流）が進行しているにもかかわらず、コスモポリタンな認識（コスモポリタンな意識については言及するまでもなく）がまだ生みの苦しみの段階を越えていないことである。

ウィリアム・フィールディング・オグバーンなら、私たちのおかれた現状を示すために、「文化遅滞」という言葉を使用したことだろう。この言葉は彼が一九二二年に作ったもので、外部から促される生活条件の「近代化」にさらされながらも、幸いなことに（彼ら自身にとっては損失であるが）近代的なメンタリティや行動規範になじんでいない「未開の人々」の苦境を指すためのものだった。しかし、ただし書きが必要かもしれない。「すでに近代化している」人々が、「まだ近代化していない」人々を自分たちのレベルに引き上げるために、「立ち遅れている」と診断するような例は、今日存在するだろうか。さらに重要なことは、そしてまた現在の苦境を把握する上でもっと適切なことは、カール・マルクスが述べた、歴史を作る人間は、通常、自分たちが作ったのではない条件の下でそれを作る、という言葉を想い起こすことである。「人間は自分自身の歴史を作るが、自分が選んだ条件の下でそれを作るわけではない。彼はそれを、自分の手近にある、所与の、過去から与えられた条件の下で作るのである[1]」。

こうした時代に生きることは、不安や混乱に満ちた環境をほとんど自明のものとすることに等しい。そうした環境によって、生活は少しも楽しくなく、癒されず、満足のいかないものとなる。たしかに、消費市場はありとあらゆる鎮静剤や抗うつ薬や向精神薬を提供し、心理的な苦痛の一時的な軽減（愉快な気持ちにさせ、気分を落ち着かせる）を約束し、もたらしてくれる。しかし、これらの薬剤は個人が自ら使用するためのものであって、外部の、あるいは個人を超えた現実に適用するものではないがゆえに、服用しても、問題の根本原因を断つことにはつながらず、かえって患者の苦境の本質を隠してしまうことになる。

私たちが自らの置かれた集合的な条件や状況を想い起こすならば、私たちは今どこにたどりついたのか、と問いかける必要がある。

紀元前二〇万年から一五万年の間に、ホモ・サピエンス属のうちの小集団がアフリカから近東に渡り、その後他の地域を征服して居住し始めていく、長くて困難な歴史を物語る一つの方法は、それを繰り返し社会的な統合のレベルを引き上げていく過程として描くことである。当時の狩猟者・採集者の「原始的な群れ」はせいぜいおよそ一五〇名程度で構成されていた。一日に徒歩で行ける範囲内での狩猟や採集では、「その日暮らし」の生活をおくる以上の食物は得られなかった。農業（作物栽培と畜産）の発明と食糧貯蔵の普及に伴って、人類はもっと大きな集団を作れるようになった。その規模は千人以上に上昇し、数世紀にわたる道具や武器の改良のおかげで、労働の効率性や輸送の速度も高まった。集団の拡大が続くなかで、「私たち」のカテゴリーもさらに拡大し、「彼ら」——近くや遠くの、見知らぬ人間に分類される人々——異質な人々、外来者、外国人、ようするに、私たちの現実のあるいは仮想敵としてステレオタイプ化される人々と対置されることになった。

人々の間の安定した結びつきや多少なりとも継続的な連携のモデルは、時代や地域によって変動が見られたが、その起源や制度や再生のメカニズムには共通する特徴があった。連携と分裂、統一と分割、統合と分断の弁証法がそれである。各集団が統合されるためにはまず、「私たち」から切り離される人々が必要であった。「私たち」（つまり、統合されることを運命づけられ、その意志に従わざるをえない人々）と「彼ら」（中心的なものに対する他者、救済の対象外で、永久に統合に適さないとみなされ、そうした理由から転身を阻む必要のある人々）の間の二項対立において、「彼ら」は通常、先行――構造主義的記号論の言葉では「無標」――メンバーの役目を果たした。誰が「私たちとは異なる」人間かを決定し表明することは、誰が「私たち」なのかを決定し表明することに先行していなければならず、「彼ら」を同定することは、「私たち」の同定にとって必須条件（そして数多くのケースにおいて十分条件）であった――そしてそれを明確に正当化するものだった。

こうした方法を身につけ、それ以外の方法を排除したヨーロッパは近代の国民国家形成の時代に入り、領土的な主権近代国家の構築に際して、分割による統合の方針を採用した。こうした展開に欠かせない転換点として、一五五五年と一六四八年という二つの年号を記録することが重要である。一五五五年にヨーロッパを支配する各王家の特使がアウグスブルクに集まり、長引く血みどろの破壊的な内戦――カトリックとプロテスタントの虐殺の応酬――に終止符を打つことのできる解決策を協議した。その解決策は「属地信仰主義（統治者の信仰がその地の信仰）」と呼ばれた。しかし、宗教改革と対抗改革両派の三〇年にわたる戦争や、度重なる疫病の発生により、両者の間に無数の犠牲者を出しながら、ふたたびミュンスターとオスナブリュックに使節を派遣して、参加した各王家の王や諸侯にアウグスブルクの原則を義務づけその署名を取りつけるまでには、（一六四八年までの）一世紀近くかかった。結局、前記の原則は二つの宗派間の領土分割につながり、宗派を選択する権限は領土の統治者の手に収まることになった。相争う教会の一方に特権を与えて他方には与えない権限は彼らが握っており、改宗を拒む人々による支配的な信仰への服従拒否をどの程度許容するかも彼らの裁量に任された。

アウグスブルクの和議から二世紀後に、当時のヨーロッパでもっとも豊かで傑出した文化・芸術・交易の中心地であったリスボンは三重の破壊（大地震の後、大火と津波に襲われた）に見舞われた。この出来事は、著名な啓蒙思想家たちにとって、物事の秩序に対する神の思し召しについて再考し、再評価し、その位置づけを見直すきっかけとなった。「リスボン大震災に寄せる詩」の中でヴォルテールは、リスボンにおいてその道徳的な無関心と犯罪的な不法行為（「罪のないものがどうして罪人と並んで、いやおうなしに苦しまなければならないのか」）に関わった責任は、神の創造物の中でも重要な地位を占める自然にあるとし、そのため人間の統制の下でなければ、悪に対する善の勝利は得られないことを明確にした。創造作業を終えた神は、当然のことながら隠れている状態となったので、この世界は新たに、人間の管理下に置かれなければならなかった。

こうしたメッセージが新しい主導的な哲学と人間の精神や態度に浸透するまでには時間がかかった。リスボンの大災害とその余波は当時支配的であった絶対王政の下で起こったため、知識人たちのメッセージは当初、同僚の知識人や彼らの万能のパトロンである絶対王政（法律によって人間の現実を変える事実上無限の権限や能力を持つとされた）に向けられ、彼らに法の制定を促すものだった。それによって、物言わぬ自然がもたらすことも確保することもできなかった、悪に対する善の勝利を手にすることができるはずだった。

しかし、ミュンスターとオスナブリュックでの会議から二世紀後の一八四八年以降、「属地信仰主義」の原則は、啓蒙専制君主から新たに選挙権を獲得した民衆への統治権限の委譲と結びつくことになった――そして、この新たな枠組みの下で、ネーション（国民）と国家、そして国民国家形成が展開された。改定された原則はヨーロッパの帝国主義や植民地主義的な冒険に適用されて他の大陸にも移植され、さらに一九一九年から二一年にかけてのヴェルサイユ講和会議において、その議長や米国大統領ウッドロー・ウィルソンによって、（「民族自決権」の形で）世界的規模に及ぶ人間の共生の普遍的原則であるとされた。

金融・産業・貿易・知識・通信のグローバル化・コスモポリタン化や人々が直面している生存に関わる諸問題の明白なグローバル性と、ウィルソンの原則が人間の条件に必須のすべての要素を支配するよう求めている、根強いローカル性や政治的手段の自己言及性をどう両立させたらいいのか。これは人類が直面するあらゆるディレンマの中でもっとも解決が困難なものである――実際、これはより小さな派生的ディレンマの解決策が最終的に依存することになるメタディレンマと言えよう。行う必要があることとできること、問題にすべきことと創造主にまかせること、起こっていることと望まれていること、人々が直面している問題の大きさとそれを処理する手段の到達範囲や能力の間には、あぜんとするほど大きな隔たりがある。ベンジャミン・バーバーが、広範な人々から支持されて主張しているように、今のところ、断固たる行動が可能な統合されたシステムの中でも最高の主体である国民国家は、その作業のために考案し、調整した独立性と自律性という目標を多少なりとも達成し終えた後、人類の地球規模の相互依存という現状に効果的に対処できないことが日々明らかになりつつある。多くの堅固で伝統破壊的な傾向のある傍観者たちは、（マーク・トウェインの皮肉にならって、かなり誇張するならば）賞味期限切れまぢかになって存亡の危機に瀕している国民国家の時代の死亡記事を急いで書き上げようとしている。

これまでは、統合された政治的単位の規模をより高くて包摂的な（必要によっては、より抽象的で、私たちの感覚の届く範囲よりも遠い）レベルに拡大することで、アクセス可能なコミュニケーション手段の能力も高まり、それに付随して可能性の範囲も拡がるのが常だった。そこに至る各段階で新たな選択肢が登場し、それに伴って、互いの敵対的な――防御的と攻撃的、保守的と進歩的、前向きと後ろ向きな――姿勢の間の対立は、ときには衝突に発展することもあったものの、常にくすぶったままの状態だった。しかし、そこに至るまでのすべての段階に共通する特徴は、「われわれ対彼ら」の分断についての再交渉と、統合の境界線の引き直しと分断の最前線の再編成が密接に結びついていることだった。

ここには、現在問題になっている、人間の統合のレベルを次の段階に引き上げることをめぐる、まったく前例のない、新たな課題が存在する――そして、今のところ、それが引き起こし、正当化しようとする行為に加えて、私たちの集合的な意識をすでに達成された相互依存と相互作用のレベルに高めること（あるいは、ウルリヒ・ベックの言葉を借りれば、コスモポリタンな状況をコスモポリタンな意識で補うこと）の前には、これまで遭遇したことも処理したこともない障害が立ちはだかっている。統合の範囲を広げるためのこれまでのあらゆる（最終的には勝利に終わった）闘いとはまったく逆に、今回の、統合を人類全体に広げようとする試みには、試験済みで、勝利の不可欠の条件と思われていた、「共通の敵の指名」という武器や「われわれ対彼ら」という道具は用いることができない。現在の前提条件である「コスモポリタンな意識」は扉を解放し、その特徴ともいえる常時参加を呼びかけており、そうした傾向が進展することは、「われわれと彼ら」の分断の基礎である「敵」と「かつての見知らぬ人間、永遠の見知らぬ人間」という発想の放棄につながる。そうであるがゆえに、今回の挑戦は、人類史上初めて分断なき統合を図ることに他ならない。今のところ、この挑戦がすぐさま実を結ぶ見通しはほとんどなさそうである。サミュエル・ハンチントンが冷戦後の世界の状況を辛辣に要約しているように、「人々は、新しいが古い敵との戦争につながる、新しいが古い旗の下で、新しいが古いアイデンティティを見つけようとしている」(2)。ハンチントンは自らの意見を補強するために、マイケル・ディブディンの小説『水都に消ゆ』から「ヴェネツィアの扇動家によって見事に表明された……一つの厳しい世界観」のくだりを引用している。

本当の敵がいなければ、本当の友人がいるはずはない。われわれは自分たちではない人間を憎まなければ、自分たちと同じ人間を愛することはできない。これはわれわれが一世紀以上にわたって感情的な御託を聞かされた後でようやく再発見した古くからの真理である。それを否定する人間は、自分の家族や遺産、文化、生得の権利、自分自身までも否定することになる。そういう人間が簡単に許されることはないだろう(3)。

ディブディンが生み出したヴェネツィアのナショナリスト扇動家とは、フェルディナンド・ダル・マスキオという架空の人物のことである。彼は「ヴェネタ同盟」運動の創始者であり、「感情的な御託」の一つであるイタリア共和国から分離してヴェネツィアによって統治される「新ヴェネツィア共和国」を提唱している。ダル・マスキオは、同じようにミラノが支配する独立国パダニアに関わる作戦を指揮していることで悪名高い実在の人物ウンベルト・ボッシと鋭く対立し、彼らのことを、穏健すぎて、「友人」に分類するにはふさわしくないと考えている。(われわれヴェネツィア人は自らの運命を支配しなければならない……一世紀以上にわたって、われわれはナショナリズムという怪物によって騙され続けてきた（最初はオーストリア帝国、次はローマが支配するイタリアに）。今では、われわれをミラノの力に屈服させようとする人間がいる）。

以上の引用は扇動家ダル・マスキオの一大演説からのものだが、以下は自家製思想家で理論家ダル・マスキオの個人的告白からの引用である。「中心はもはや何も保持することができない……周辺は活動が存在する場所である。新たなヨーロッパでは、周辺こそが中心である。今こそ帰郷するときだ。自らのルーツに立ち戻り、本当の意義ある不朽のものに戻るときである」。「新しいヨーロッパには、根無し草の放浪者や、帰属意識のないコスモポリタンの居場所はない。そこは物理的にもイデオロギー的にも境界線に満ちており、厳しい監視の目が光っている。自分の証明書を作ることができなければ、その結果を甘んじて受け入れなければならない」。

これは実に過酷な世界観だと思われるかもしれないが、これによってすぐにも大勢の人間を糾合できることもまた事実である。これを、国民国家による統合が破綻して生じる空き部屋の中に亀裂を生み出す、来るべき支配的哲学であり、未生のコスモポリタンな形で統合された人類を収容するための空き部屋に生じた「ルーツへの帰還」衝動と呼んでも過言ではなかろう。

ハンチントン自身のいうまでもなく過酷な世界観は、ダル・マスキオによって描かれ、あらゆる寛容なものや民主的なもの、そしてとりわけリベラルで寛容な政策に対する共通の嫌悪感でまとまった各国の扇動家が承認するこの「新しいヨーロッパ」像と符合している——改宗と徴募によって膨張する群衆から称賛されることにもなる。ハンチントンは、「文化と文化的なアイデンティティは」今後、「冷戦後の世界の結束と分裂と衝突のパターンを形成することになる」と指摘している。その世界における人々のもっとも重要な違いは、イデオロギーでも政治的なものでも経済的なものでもなく、文化的なものである。

人々は自分自身を、祖先や宗教、言語、歴史、価値、制度によって定義する。そしてまた部族やエスニック集団、宗教コミュニティ、ネーションなど文化集団によっても定義する……人々は政治を、自分たちの利害を促進するためだけでなく、自らのアイデンティティを定義するためにも用いる。私たちは、自分たちではないものを知ったり、自分たちと敵対するものを知ったりしたときに初めて、自分たちは誰なのかを知る。

ハンチントンによると、この原則は単なる特殊で一時的で偶発的な事柄ではない。「人々は常に、われわれと彼ら、内輪の人間とそうでない人間、われわれ文明人と未開人に分類しようとする誘惑に駆られる」。彼らが常にこうした誘惑に屈するのか、また本当に屈せざるをえないのかは無意味な問題であり、後から振り返って初めて答えを出すことのできる問題である——すでに起こってしまった事柄に触れるには、その予測不可能な点と、偉大な人物にすら不意打ちを食らわせて、準備が整っていない状態に置くことで悪名高い未来を視界から遠ざけることが必要である。しかし、ハンチントンの冷戦後の展開についての予想は今のところ十分に確認されている一方、私がこれらの言葉を連ねている、もっかの流れは、将来、ハンチントンの予言にさらなる証拠が加わることを、ほとんど既定の結論にしているように思える。

大事な問題はハンチントンによって発見された誘惑が拒絶されるかどうかという点である。もし拒絶されるとすればどういう条件で拒絶されるのか。言い換えれば、「コスモポリタンな形で統合される人類の誕生」は本当に生じ、その新生児は無事誕生することができるのか。

この重要で人類の生死に関わる問題に対するもっとも説得力のある回答は（たとえ、その回答が、私たちを決して成功が約束されていない、厄介で煩雑な取り組みに着手させる代わりに、即座に結果を出せると主張する魔法の言葉ではなくても）、フランシスコ法王の演説の中に見出すことができる。法王が二〇一六年五月六日に「カール大帝賞」を受賞したことを考えれば、彼こそ、この種の問題を取り上げ、取り組むに値する大胆で確固たる、地球規模の権威を備えた公人の一人と言えよう。その回答こそが「対話の能力」であり、学ぶべき言葉としてここに一字一句忠実に引用することにする。

私たちが飽くことなく繰り返す言葉があるとすれば、それは対話です。私たちはあらゆる可能な手段によって対話の文化を促進し、それにより、社会という織物を再建するよう求められています。対話の文化によって本当の師弟関係と規律が生まれ、そのおかげで私たちは、他人を適切な対話の相手とみなし、外国人や移民や異なる文化の出身者を傾聴に値する人間として尊重できるようになるのです。今日、私たちは、社会のあらゆる成員を、「対話を出会いの一つの形態としてとくに重視する文化」を構築し、「公正で敏感に反応できる包摂的な社会という目標を追求しながら、合意を築く手段を」生み出す作業に駆り出す必要があります（*Evangelii Gaudium*, 239）。平和は、私たちが子供たちに対話という武器を与え、私たちが彼らに出会いと交渉のよき戦いに従事するよう教えることによって、持続することでしょう。こうした方法によって、私たちは、死ではなく生、排除ではなく包摂の戦略を生み出すことのできる文化を彼らに伝えることができるのです。

こうした対話の文化を私たちの学校教育の必須要件とする必要があり、それが若者たちのしつけによい影響を及ぼし、彼らに私たちが慣れ親しんでいるものとは異なった方法で摩擦を解消する手段を与えることになるでしょう。今日、私たちは、軍事・経済面だけでなく、文化、教育、哲学、宗教に関わる「連携」を早急に構築する必要があります。多くの紛争の背後に、経済集団の力が働いていることを明確にできる連携や、不当に搾取されることから人々を守ることのできる連携が必要です。人々を対話と出会いの文化で武装させようではありませんか。

対話は、それが生み出すすべてのものとともに、私たちに、誰も傍観者ではいられないことを想い起こさせます。こうした対話の文化は、私たちのすべてがその計画や構築に参加することで初めて生み出すことができるのです。現在の状況を考えると、誰も傍観者として他の人々の苦闘を見守っていることは許されないはずです。逆に、それは個人の責任や、社会的な責任に対する自覚を強く促すものです。

「私たちのすべて」に向けられたこの演説は、私たちすべてが、この多文化的で、中心が複数で、複数の紛争が存在する世界の傷を癒すことができる対話の文化の「計画や構築に参加する」必要があるとしているように、何よりも私たち一般大衆に向けられたものであって、決して、交渉術（に長けていると思われる）の専門家を自称する職業政治家向けのものではない。フランシスコ法王のメッセージの背後にあるねらいは、人々の平和的な共存、連帯の運命を「テレビに映る」不明瞭で曖昧な専門家による政治の領域から、私たち一般庶民が出会って会話を交わす、街頭や職場や学校、公共空間に移すことであり、人間の統合の運命と希望に関わることの問題をサミュエル・ハンチントンの『文明の衝突』の中の軍隊の司令官の手から取り上げることである――そしてそれを日々接触する隣人や仕事仲間の関心の対象にしようとするものであり、その中で、私たちはみな、思いやりのある親や冷淡な親、貞節なパートナーや不義のパートナー、有益な隣人や不寛容な隣人、愉快な仲間や退屈な仲間として参加し、登場する――互いに相容れない文明や伝統、宗教的な信念、エスニシティの代表や見本という衣装を身にまとう代わりに。

しかし、それを実現するためには、お互いを私たちにとって「適切な対話のパートナー」と受け止め扱う上で必要な条件を整える必要がある。フランシスコ法王が指摘しているように、有益な対話のチャンスは私たち相互の敬意の有無に左右されるものであり、身分の平等が前提となり、それが相互に承認される必要がある。

この地球と人間の労働の果実を公正に分配することは単なる慈善事業ではありません。それは道徳的な義務なのです。私たちが自らの社会のあり方を見直したいのなら、尊厳があって十分な報酬が支払われる仕事を、とくに若者たちのために生み出す必要があります。それを実現するためには、少数の人々に役立つのではなく、普通の人々や社会全体の利益になる、新しくてより包摂的で公正な経済モデルを見つけ出す必要があります。それには流動性の高い不安定な経済から社会的な経済への移行が必要です。

ホッブズへの回帰、同族主義への回帰、不平等や子宮への回帰を問わず、「回帰」の流れを、すぐさま、そして巧みに、努力も要せず、せき止められるような特効薬は存在しない。私は次のように繰り返したい。人間の連帯を全人類のレベルにまで引き上げるという現在の課題は、例をみないほど達成することが困難で、面倒で、厄介なことのようである。私たちは長期間にわたって、回答よりも多くの疑問、解決策よりも多くの問題が生じることが特徴である時代に備えると同時に、成功と失敗の見込みが見事に拮抗している条件の下で活動する必要がある。しかし、このケースについては――マーガレット・サッチャーがよく口にしていたのとは逆のケースだが――「他に選択肢はない」という判断は、魅力には乏しくても、色あせてはいない。他の時代以上に、私たち、この地球の住民は、次のような状況に置かれている。つまり、手を握り合うか、それとも共通の墓に入るのかという。

註

プロローグ

（1）Svetlana, Boym, T*he Future of Nostalgia*, Basic Books 2001. 所収。
（2）Franz Kafka, 'The Departure', *The Collected Short Stories of Franz Kafka*, ed. Nahum N. Glatzer, Penguin 1988, p. 449（trans. Tania and James Stern）. 所収。
（3）Europ's Dangerous Nostalgia [La peligrosa nostalgia de Europa], Javier Solana, 25 de abril de 2016. Disponible en http://www.project-syndicate. org/commentary/nationalism-leaves-europeans.at-rist-by-javier-solana-2016-04?barrier=accessreg
（4）Boym, T*he Future of Nostalgia*, p. xvi.
（5）E. H. Carr, *What is History?*, first published by Cambridge University Press in 1961.（清水幾太郎訳『歴史とは何か』、岩波新書、一九六二）。
（6）http://howitreallywas.typepad.com/how-it-really-was/2005/10/wie-es-eigentli-I.html.
（7）Peter Drucker, *The New Realities*, Butterworth-Heinemann Ltd 1989.（上田惇生訳『[新訳] 新しい現実――政治、経済、ビジネス、社会、世界観はどう変わるか』、ダイヤモンド社、二〇〇四）。

第1章

（1）Timothy Snyder, *Black Earth : The Holocaust as History and Warning*, The Bodley Head 2015, p.320.
（2）Leo Strauss, *Natural Right and History*, University of Chicago Press 1965 [1950].（塚崎智他訳『自然権と歴史』、ちくま学芸文庫、二〇一三）。
（3）https://thisishell.com/guests/henry-giroux. を参照。
（4）Max M. Mutschler, 'On the Road to Liquid Warfare?' BICC Working Paper, 2016.
（5）*The Arms Bazar: Shattered Lives*, Control Arms Campaign, October 2003, ch. 4, p.54. 所収。ここでは、www.globalissues.

org/article/74/the-arms-trade-is-big-buisiness#Asworldtradeglobalizessodoesthetradeinarms. から引用。
（6）www.theguardian.com/news/datablog/2012/mar/02/arms-sales-top-100-producers.
（7）*Small Arms Survey*；https://www.amnesty.org/en/latest/news/2015/08/killer-facts-the-scale-of-the-global-arms-trade. を参照。
（8）Georg Simmel, 'Fashion', *American Journal of Sociology*, 62, May 1957―http://sites.middlebury.edu/individualandthesociety/files/2010/09/Simmel.fashion.pdf. を参照。
（9）Gabriel Tarde, *Law of Imitation*, H. Holt and Co. 1903（trans. Elsie Clew Parsons）（French original published in 1890).（池田祥英他訳『模倣の法則』、河出書房新社、二〇一六）を参照。
（10）Elihu Katz et al., *Echoes of Gabriel Tarde : What We Know Better or Different 100 Years Later*, USC Annenberg Press, 2014.
（11）いささか月並みに聞こえるこの表明は、通常、プラグマティズム哲学の創始者ウィリアム・ジェイムズのものとされているが、実際のところ、このくだりは彼の主張とは多少隔たりがある（彼の著作 *What is Pragmatism?* の講義IIの中の「どこか他の場所で違いを生み出さないものが、どこかで違いを生み出すはずはない」。同じ講義の中で、ジェイムズは自らの主張を、*Popular Science Monthly* の一八七八年一月号に掲載されたチャールズ・パースの記事「どのようにしてわれわれの考え方を明確にするか」という表明に由来するとしている。「われわれの信念は正確に言うと、行動のための規則である……ある思想の意義を発展させるには、それを生み出すのに適した行動は何かを判断するだけでいい」――これは、ルートヴィヒ・ヴィトゲンシュタインが、理解とは、どのように継続いくかを把握することであると定義するきっかけとなった考え方である。http://theblogofciceronianus.blogspot.co.uk/2013/11/difference-that-make-no-diffence.html. も参照
（12）Thompson, John B. *Media and Modernity : A Social Theory of the Media*, Polity 1995.
（13）Jock Young, *The Exclusive Society*, Sage 1999, pp.8-9.（青木秀男他訳『排除型社会――後期近代における犯罪・雇用・差異』、洛北出版、二〇〇七）。
（14）Jock Young, *The Vertigo of Late Modernity*, Sage 2007, p.54.（木下ちがや訳『後期近代の眩暈――排除から過剰包摂へ』、青土社、二〇〇八）。
（15）Willem Schinkel, 'The Will to Violence', *Theoretical Criminology*, 8/1, February 2004. https://www.ncjrs.gov/App/publications/abstract.aspx?ID=206082. も参照。
（16）Umberto Eco, *Il cimitero di Praga*, Ist Italian edition 2010（橋本勝雄訳『プラハの墓地』、東京創元社、二〇一六）；

ここでは Richard Dixon の英訳（Vintage Books, 2012）から引用した。
(17) Umberto Eco, *Serendipities : Language and Lunacy*, Phoenix 1998 (trans. William Weaver).
(18) Stanley Cohen, *Visions of Social Control*, Polity 1985, p.125.
(19) このケースのもっとも優れた表現については、J. G. Ballard, *Kingdom Come*, Fourth Estate 2014. を参照。
(20) www.socialeurope.eu/2011/08/the-london-riots-on-consumerism-coming-home-to-roost.
(21) www.nytimes.com/2016/01/20/opinion/rethinking-college-admissions.html?emc=Edit-ty-20160120&nl=opnion&nlid=43773237&-r=o.
(22) www.nytimes.com/2016/01/22/opinion/the-anxieties-of-impotence.html?emc=edit-Th-20160122&nl=todaysheadlines&nlid=43773237&-r=o

第2章

(1) Michel Walzer, *Spheres of Justice : A Defense of Pluralism and Equality*, Basic Books 1983, p.38.（山口晃訳『正義の領分――多元性と平等の擁護』、而立書房、一九九九)。
(2) Bruce Rozenblit, *Us Against Them : How Tribalism Affects the Way We Think*, Transcendent Publications 2008, pp. 74-5.
(3) Ibid., p.54.
(4) Luc Boltnski, 'Sociologie et critique sociale : dérive ou renouveau?' in Luc Boltanski and Nancy Fraser, *Domination et émancipation : pour un renouveau de la critique sociale*, Grand Débats 2014, p.64.
(5) Celia de Anca, *Beyond Tribalism : Managing Idntities in a Diverse World*, Palgrave Macmillan 2012, pp. xxii-xxvi.
(6) Karl Marx, *The Eighteenth Brumaire of Louis Bonaparte*, the American 1897 translation reprinted in the UK by Amazon 2008, pp. 1-2.（植村邦彦訳『ルイ・ボナパルトのブリュメール一八日』、平凡社ライブラリー、二〇〇八）から引用。http://www.marxists. org/achive/marx/works/1852/18th-brumaire/chol.htm.
(7) David Lowenthal, *The Heritage Crusade and the Spoils of History*, Viking 1997, p. ix.
(8) Ibid., pp. 5-6.
(9) Ernest Gellner, *Nations and Nationalism*, Blackwell 1983, pp. 1,4.（加藤節監訳『民族とナショナリズム』、岩波書店、二〇〇〇)。
(10) Umberto Eco, *Faith in Fakes : Travels in Hyperreality*, Vintage 1995.

（11）George Lakoff, *The All New Don't Think of an Elephant*, Chelsea Green Publishing 2014. を参照。
（12）Friedrich Nietzsche, *Aphorisms on Love and Hate*, Penguin Classics 2015, pp.21,29-30.
（13）www.nytimes.com/2016/03/11/opinion/campaign-stops/what-are-trump-fans-really-afraid-to-say. html?emc=edit-th-20160311&nl=todaysheadlines&nlid=43773237&-=o.
（14）http://printfriendly.com/print/?url=http%3A%2F%2Fwww.socioleurope.eu%2.
（15）www.independent.co.uk/voices/donald-trump-is-just-the-kind-of-president-america-needs-a6924986.html.
（16）Lakoff, *The All New Don't Think of an Elephant*, pp.108-9.
（17）Ibid., pp. xi-xii.
（18）Anthony D. Smith, *Nations and Nationalism in a Global Era*, 2007, pp.51-2.
（19）Fredrik Barth, *Ethnic Groups and Boundaries : The Social Organization of Culture Difference*, Waveland Press 1998, p.10.
（20）Hobsbawm, *Nations and Nationalism since 1780 : Programme, Myth, Reality*, Cambridge University Press 2016, p.163.
（21）カール・マルクスが（先の *The Eighteenth Brumaire of Louis Bonaparte* からの引用の中で）印象深く述べているように、「人間は自分自身の歴史を作るが、自分が選んだ条件の下でそれを作るわけでない。彼は手近にある、所与の、過去から与えられた条件の下でそれを作るのである」。
（22）ここではフランス語版、*La question des nationalités et la social-démocratie*, Guérin Littérature 1987. から引用した。バウアーは、修復不可能な「民族の混合」である多文化的なオーストリア・ハンガリー帝国内部のナショナル・アイデンティティの継続性と、彼らの間の恒久的な（望むらくは平和的な）協力を同時に確保する手段として、上記の事柄から二つの原則が読み取れると指摘している――とくに pp.250, 364ff を参照。
（23）Hobsbawm, *Nations and Nationalism since 1780*, p.175.
（24）Michael Agier, *Le couloir des exilés : être étranger dans un monde commun*, Ēditions du Croquant 2011, p.95.
（25）www.nytimes.com/2016/01/15/opinion/fermisinatra-dimaggio-and-capone-american-imagination.html. を参照。
（26）www.nytimes.com/2016/01/08/opinion/a-shameful-round-up-of-refugees.html?/emc=ed. を参照。

第3章

（1）Benjamin Disraeli, *Sybil, Or the Two Nations*, Oxford University Press 1998, p.66.
（2）http://usatoday30.usatoday.com/news/opinion/columnist/raasch/2004-07-28-raasch-x.html

(3) http://en.wikipedia.org/wiki/Two-Americas#External-links.
(4) この論文はおおむね一九四二年の春のケンブリッジのマーシャル・ソサエティでの講演を基にしている。
(5) http://mrzine.monthlyreview.org/2010/kalecki220510.html. を参照。
(6) しかし、彼は預言するかのように、「資本家のボス」は、彼らの支配の基盤への政府の干渉に対して武器を持って立ち上がるだろうと警告している。

> 完全雇用が維持されると社会変動や政治変動につながり、経営者側の反発に拍車をかけることになろう。実際、恒久的な完全雇用体制の下においては、「解雇」は「規律的な措置」としての役割を終えるであろう。ボスの社会的立場は掘り崩され、労働者階級の矜持や階級意識は高まることだろう……経営者たちは利益にも増して「工場における規律」や「政治的な安定」を重視している。彼らの階級的な本能に基づく見方からすれば、完全雇用の持続は不健全なものであり、失業は「正常な」資本主義制度に不可欠なものである。

(7) http://nymag.com/daily/intelligencer/2016/03.
(8) Vic George and Roger Lawson (eds.), *Poverty and Inequality in Common Market Countries*, Routledge & Kegan Paul 1980, p.241. を参照。
(9) Frank Parkin, *Marxism and Class Theory*, Tavistock 1979, p. 83.
(10) Robert L. Heilbroner, *Business Civilization in Decline*, W. W. Norton 1976, p. 109.
(11) Robert K. Merton, 'Social Structure and Anomie', *American Sociological Review*, 3, 1938, 672-82.
(12) Walter Garrison Runciman, *Relative Deprivation and Social Justice : A Study of Attitudes to Social Inequality on Twentieth-century England*, University of California Press 1966.
(13) Barringhton Moore Jr, *Injustice : The Social Bases of Obedience and Revolt*, M. E. Sharpe 1978.
(14) https://www.boundless.com/sociology/textbooks/boundless-sociology-textbook/social-change-21/social-movements-140/relative-deprivation-approach-771-1936.
(15) Leonard Riessmann, 'Levels of Aspiration and Social Class', *American Sociological Review*, 18, 1953, 233-43.
(16) J. C. Davies, 'The J-Curve of Rising and Declining Satisfactions as a Cause of Some Great Revolutions and a Contained Rebellion', in *Violence in America : Historical and Comparative Perspectives*, ed. Hugh Davis Graham and Ted

Robert Gurr, Praeger 1969, pp. 690-739.
(17) Paul Verhaeghe, 'Neoliberalism Has Brought Out the Worst in Us', *The Guardian* 23 April 2016 ; www.thedailycall.org?p=86957. を参照。
(18) www.nytimes.com/2016/04/24/business/economy/velvet-rope-economy.html?emc=edit-th-20160424&nl=todaysheadlines&nlid=43773237&-r=o.
(19) Zygmunt Bauman, *Does the Richness of the Few Benefit Us All?*, Polity 2013.
(20) Daniel Raventós, *Basic Income : The Material Conditions of Freedom*, Pluto Press 2007 (trans. from Spanish by Julie Wark), p.8. ラヴェントスの定義は先のフィリップ・ヴァン・パレースとさほどかけ離れていない——そして、多くの人々が基本的なＵＢＩの定義であると考えている。

政府が社会の成人の構成員に均一かつ定期的に支払う給与。この給与は、貧しいか否か、同居者の有無、働きたいと思っているかどうかにかかわらず支払われ、その額はすべて同じである。これは、私のものも含めたほとんどの案で、市民のみならず、すべての永住者に与えられる(*What's Wrong with a Free Lunch?*, Beacon Press 2001, p.5)。

ヴァン・パレースはカール・マルクスとジョセフ・シャルリエの二人を、この発想を最初に思いついた(一八四八年)シャルル・フーリエの影響下にあったとしている。
そして、私は次にようにつけ加えておきたい。「ユニヴァーサル・ベーシック・インカム」という考え方を編み出した栄誉が最終的に誰に与えられようと、この事実は変わらないであろう、と。ブレグマンの *Utopia for Realists* に関するニール・ハワードの書評が公にされた二〇一六年の四月(www.opendemocracy.net/Neil.Howard/utopia-for-realists-review を参照)の時点で、彼は自らの驚きを「あらゆる人に無償でお金を配る。これは常軌を逸しているように思える」と表現している——そしてその数行後に次のようにつけ加えている。「しかし、ブレグマンの大きな強みの一つは、自分の考え方とその裏づけを、少しも異常でないばかりか、非常に賢明で健全なものとして提示し」、もっとも高い称賛の言葉で包括的な展望をまとめていることにある。「それは見事なまでに考え抜かれ、魅力的に書かれたものである。その上非常に読みやすい。ブレグマンの本質は、たとえそれがありふれたことであっても、革命的な事柄について書くことにある。

（21）www.theguardian.com/comments are free/2015/feb/oI/paying-everyone-a-basic-income-would-kill-off-low-paid-menial-jobs.
（22）Rutger Bregman, ‘Cutting out the Middleman’, *The Economist*, 4 November 2010.
（23）www.oecd.org/dev/pgd/46240619.pdf.
（24）http://jama.jamanetwork.com/article.aspx?articleid=197482.
（25）Van Parijs, *What's Wrong with a Free Lunch?*, p.14.
（26）Ibid.,p.111.

第４章

（１）http://bostonreview.net/us-books-ideas/ronald-aronson-privatization-hope.
（２）ルイ・アルチュセールが導入した言葉（‘Ideology and Ideological State Apparatuses（Notes towardsan Investigation）’, *Lenin and Philosophy and Other Essays*, Verso 1970, 所収）であり、彼・彼女の事前に思いつき、想定し、課せられた、カテゴリアルな課題を呼び起こすことによって、ある人物を「称賛」していることを示すためのものである。賞賛される人々と称賛する人々はともに、「呼びかけ」を行う際に、彼らの身分や相互関係を念頭に置くようイデオロギー的に訓練されている。
（３）https://www.ted.com/talks/tim-jackson-s-economic-reality-check/transcript?language=en.
（４）Umberto Eco, ‘How Not to Use the Cellular Phone’, in *How to Travel with Salmon and Other Essays*, Mariner Books 1995（trans.William Weaver）.
（５）Steve Fraser, *The Age of Acquiescence*, Little, Brown and Company 2015.
（６）Christopher Lasch, *The Culture of Narcissism : American Life in An Age of Diminishing Expectations*, Warner Books 1979.（石川弘義訳『ナルシシズムの時代』、ナツメ社、一九八一）
（７）Anthony Elliott, *Concepts of the Self*, 2nd edition, revised and updated, Polity 2007, p.85.（片桐雅隆他訳『自己論を学ぶ人のために』、世界思想社、二〇〇八）。
（８）Sigmunt Freud, *On Narcissism : An Introduction*, Read Books 2013 [1914]. を参照。
（９）Rutger Bregman, *Utopia for Realists : The Case for a Universal Basic Income, Open Borders, and a 15-hour Workweek*, The Correspondent 2016, pp.22-3.

（10）Ibid., p.25.
（11）Cederström Spicer and André Spicer, *The Wellness Syndrome*, Polity 2015, p.3.
（12）Steven Poole, *You Aren't What You Eat*, London 2012.
（13）https://en.wikipedia.org/wiki/Ayn-Rand#Popular-interest.
（14）Ayn Rand, *The Virtues of Selfishness*, A Signet Book by Penguin.（藤森かよこ訳『利己主義という気概――エゴイズムを積極的に肯定する』、ビジネス社、二〇〇八）を参照。本書は一九六四年に刊行されて以降、一三〇万部を売り上げている。
（15）Wilson Cooper, *Love Yourself / Your Life Depends on it : How to Transform your Life and Overcome the Loneliness*, 2015, p.7.
（16）Arlie Russell Hochschild, *The Outsourced Self : Intimate Life in Market Times*, Henry Holt and Company 2012. を参照。ホックシールドによると、「かつては市場から守られていた私たちの感情生活の中心部に達するサービス」を専門家に外注することは、「現代の最大の技術革新」である。かつて安全かみそりや、自動巻き時計、ファストフードで試されていた方式を、大勢の人間が悩まされているにもかかわらず、どう対処すべきか分からない孤独の解消法に応用すれば、多大な利益が見込める上に、有益であることが立証された。
（17）http://weekend.gazeta.pl/weekend/1,150913,20064106,sztokholm-europejska-stolica-samontnych-jak-szwedzi-stali.html.
（18）Selimi, *Loneliness : The Virus of the Modern Age*, Balboa Press, 2016.
（19）http://en.wikipedia.org/wiki/John-Frederick-Demartini.
（20）'Morality Begins at Home : Or the Rocky Road to Justice', in Zygmunt Bauman, *Postmodernity and Its Discontents*, Polity 1997. を参照。
（21）Paul Verhaeghe, *Love in a Time of Loneliness : Three Essays on Drive and Desire*, Karnac Books Ltd 2011（trans. Plym Peters and Tony Langham）. を参照。
（22）Melissa Broder, *So Sad Today*, Scribe 2016.
（23）Herman Pleij, *Dreaming of Cockaigne : Medieval Fantasies of the Perfect Life*, Columbia University Press 2001（trans. Diane Webb）. http://cup.columbia.edu/book/dreaming-of-cockaigne/9780231117029. も参照
（24）http://en.wikipedia.org/wiki/Cockaigne.
（25）Eco, 'When the Others Appear on the Scene'—a letter to Cardinal Carlo Maria Martini, *in Five Moral Pieces*, Vintage

2001（Alastair McEwen 訳）. を参照。
（26）Deborah Lupton, *The Quantified Self*, Polity 2016.
（27）Frank Bruni, 'How Facebook Warps Our World', *New York Times*, 22 May 2016 ; http://nyti.ms/ISIhqG.

エピローグ

（1）www.gutenberg. org/files/1346 /1346-h/1346-h.htm.
（2）Samuel P. Huntington, *The Clash of Civilizations, and the Remaking of World Order*, Free Press 1997, p.20.（鈴木主税訳『文明の衝突』、集英社、一九九八）。
（3）Michael Dibdin, *Dead Lagoon*, ここでは Kindle version of the Faber & Faber 2012 edition から引用。（高橋進訳『水都に消ゆ』、早川書房、一九九五）。

訳者あとがき――解説も含めて

本書は二〇一七年にポリティ・プレス社から刊行された *Retrotopia* を全訳したものです。邦題については、レトロトピアという言葉がまだあまりなじみがないこともあり、『退行の時代を生きる――人びとはなぜレトロトピアに魅せられるのか』としました。なお、著者のジグムント・バウマンは同年初頭に九一歳で亡くなっているので、本書が実質的な遺作になります。

以下、これから本書を読まれる方のためのガイドとして内容のあらましを簡単にご紹介するとともに、翻訳に際して留意した点などについても触れていきたいと思います。

最初に、原題である「レトロトピア」の説明から始めたいと思います。最近出版されたサイエンス・フィクションのタイトルにもなっているこの言葉はどういう背景から生まれ、どういう意味を持つのか、「プロローグ」から探ってみましょう。

今日、とりわけ先進国においては、所得の伸び悩みや低下、財政収支の悪化に伴う福祉の削減と負担の個人化、さらには難民の流入に伴うコミュニティの不安定化などに伴って、人々の間に将来不安が高まるとともに、進歩や希望などポジティヴなイメージと結びついていた未来が不安や不確実性などマイナスイメージを帯びるようになっています。そして、それと反比例するかのように人々の間に過去への憧憬やノスタルジアが広がっていることはしばしば指摘されるところです。著者は、ユートピアの過去バージョンともいえるレトロトピアへの願望はこうした土壌から芽吹いているとしています。つまり、レトロトピアは、未来＝進歩のイメージを基にしているユートピアとは逆に未来への不安や恐怖心に根差すものであり、ユートピア的な楽園に対する願望を過去に求めるものと言えるでしょう。ただし、本書では、「レトロトピア的な感情やその実践の到来と関連のある……重要な展開をめぐる一覧表の下書きを作る」ことに主眼が置かれており、レトロトピアそのものについての説明よりも、レトロトピアに対する憧憬の土壌である、現在生じているさまざまな回帰現象や回帰願望に焦点が当てられています。

第1章「ホッブズへの回帰?」は、正確に言えば「ホッブズの想定した自然状態への回帰現象」のことです。周知のように、ピューリタン革命に伴う混乱の時代を生きた英国の思想家、トマス・ホッブズは人間の自然状態を「万人の万人に対する戦争」であるとし、そうした暴力の野放し状態に終止符を打ち、そこに秩序をもたらす作業をリヴァイアサン（国家）に託しました。しかし、それから数世紀余りを経た今日、リヴァイアサンはその主要な機能の一つである正当な暴力と不当な暴力を線引きする力を失ってしまい、その結果、世界の各地でふたたび暴力とそれに対する恐怖心が蔓延しつつあると著者は指摘しています。ことさら衝撃的な暴力シーンを伝えようとするマス・メディアや、それを瞬時に世界中に拡散するインターネットやソーシャル・メディアの普及もそうした傾向に拍車をかけている一方、世界中の若者たちが抱く現状に対する不満や希望の持てない未来に対する絶望や怒りが、テロに代表される暴力行為の拡大を支える温床になっています。

第2章「同族主義への回帰」で問題になっているのは、「われわれ」と「彼ら」を厳しく峻別し、後者を敵対視することをバネにして自らの集団の統合を図ろうとする傾向の増大と広がりです。こうした傾向は自国第一（優先）主義やナショナリズムの台頭という形で現れ、世界の各地で排外主義や移民排斥の動きにつながっていることは説明するまでもないでしょう。またそうした動きとそれに付随する感情はしばしば、古き良き時代に「そうであったはずの過去」への願望や、ある集団や社会に固有の伝統や遺産の見直しにつながっています。それらの過去や遺産や伝統が自分たちの自尊心や誇りや他の集団に対する優越心を掻き立てる拠り所になり、精神的な避難所や安息所にもなるからに他なりません。なお、本章のキーワードである「tribe、tribalism」はそれぞれ「同族集団、同族主義」と訳しました。これらの訳語の方が、「部族、部族主義」といった訳語よりも、閉鎖性さらには異質な人々や集団に対する排他性を喚起する上で適切であると判断したためです。

第3章「不平等への回帰」とは、最近の新自由主義全盛の資本主義経済がもたらした国内的な所得・資産格差の急拡大と、それに伴う一九世紀半ばの英国にみられたような「二つの国民」

への社会的分断への回帰現象を指しており、本章ではその実態や原因、さらには対策についても触れられています。まず、現在のような極端な貧富の格差の広がりが放置されてしまう原因として、国家の役割の縮小や後退、新自由主義的な考え方やメンタリティや文化（いわゆる自己責任論）の浸透と定着、個人の原子化のいっそうの進展に伴って連帯して抗議行動に立ち上がれない現状などが指摘されています。さらに後半においては、最近日本でも一部の人々の間で不平等や格差是正の切り札として注目されている「ベーシック・インカム」、とりわけ「ユニバーサル・ベーシック・インカム」の有効性と、その実現の困難さについても言及しています。

第4章の「子宮への回帰」とは、ようするに「子宮の中の胎児のような状態への回帰願望」のことです。こうした願望が広がっている背景として、個人が厳しい競争や市場経済の荒波に直接さらされながら、社会的に孤立無援の状態に陥っていることが挙げられます。それに伴う個人の慢性的な不安状態から生じる副作用の一つがナルシシズムという閉ざされた自己への退行現象であると著者は指摘しています。さらに、そうした状態が極限まで進んだものが本章のタイトルにもなっている「子宮への回帰」願望の広がりに他なりません。それはナルシシズムにもまして、自らを脅かす他者が存在せず、自他の区別すらない完全な自己充足状態（「涅槃の状態」）と言えるでしょう。なお、ここからインターネットがもたらす知的な孤立・自足状態であるイーライ・パリサーの「フィルター・バブル」（『閉じこもるインターネット』、早川書房、二〇一二）を連想される方もいるかもしれません。しかし、いずれにせよ人間が他者の存在なしに生きられないことを考えれば、その存在を否定しようとするこれらの回帰願望は、克服すべき病理現象と言わざるを得ないでしょう。

「エピローグ」では、前記のような回帰・退行現象の拡大をふまえながらも、私たちが現在直面しているコスモポリタンな条件の進行とそれについての認識のズレをどう埋めたらいいのか、そしてまた人間の統合のレベルを人類全体に広げるにはどうすればいいのか、という二つの根本的な問いかけが行われています。とくに後者の問いをめぐっては、従来用いられていた「共通の敵の指名」や「われわれ対彼ら」の二項対立に基づく統合ではなく、「分断なき統合」を図る初めての機会であるために、その困難の大きさが予想されます。しかし、この困難を乗り切らなければ、待ち構えているのは「共通の墓」であると著者は警鐘を鳴らしています。

以上のように、本書は現在世界中で広がりをみせている四つの回帰現象（願望）について解説し、ときにその対応策を提示しています。訳者の立場から本書についての率直な感想は、バウマンの思考力はその死を前にしながらまったくといっていいほど衰えをみせなかったということであり、世界が陥っている苦境についてさらなる分析を進め、その解法の一端を示してくれていたらと、あらためてその死が惜しまれるところです。なお、本書の各所に著者独特の比喩的な表現がみられますが、分かりにくかったり、やや冗長気味であったりする部分は思い切って簡略な表現に変えた点をお断りしておきます。また、本書の最後の人名索引は読者の便宜のために、当方で付け加えたものです。

最後に、本書の翻訳を勧めてくださり、刊行に至る過程でさまざまな有益なアドバイスをいただいた青土社編集部の菱沼達也さんには心よりお礼申し上げます。

二〇一八年九月二〇日

伊藤　茂

著者　ジグムント・バウマン　Zygmunt Bauman（1925～2017）
ポーランド生まれ。イギリスのリーズ大学名誉教授。邦訳書に、『リキッド・モダニティ――液状化する近代』、『近代とホロコースト』（いずれも大月書店）、『コラテラル・ダメージ――グローバル時代の巻き添え被害』、『社会学の使い方』（いずれも青土社）、『コミュニティ――自由と安全の戦場』（筑摩書房）他多数。

訳者　伊藤茂（いとう・しげる）
翻訳家。訳書に、Z・バウマン『新しい貧困――労働・消費主義・ニュープア』、『自分とは違った人たちとどう向き合うか――難民問題から考える』（いずれも青土社）、A・グプティル他『食の社会学――パラドクスから考える』（NTT出版）、R・コーエン＋P・ケネディ『グローバル・ソシオロジーⅠ・Ⅱ』（共訳、平凡社）他。

人名索引

ア行

アーレント、ハンナ　Arendt, Hannah　93
アクトン卿　Lord Acton　60
アジェ、マイケル　Agier, Michel　98
アロンソン、ロナルド　Aronson, Ronald　142
ヴァン・パレース、フィリップ　van Parijs, Philippe　132, 136-7
ヴィーゼルティール、レオン　Wieseltier, Leon　101
ウィルソン、ウッドロー　Wilson, Woodrow　79, 93, 187
ヴェーバー、マックス　Weber, Max　28-9, 37
ウェスト、リンディ　West, Lindy　86
ヴェルハーゲ、ポール　Verhaeghe, Paul　120, 166-7
ウォルツァー、マイケル　Walzer, Michael　64, 76
ヴォルテール　Voltaire　186
ウッド、キングズリー　Wood, Kingseley　130
エヴァンス、ブラッド　Evans, Brad　96
エーコ、ウンベルト　Eco, Umberto　52-3, 80-1, 146, 173
エドワーズ、ジョン　Edwards, John　108-9
エリアス、ノルベルト　Elias, Norbert　24
エリオット、アンソニー　Elliott, Anthony　150
オーウェル、ジョージ　Orwell, George　19-20
オグバーン、ウィリアム・フィールディング　Ogburn, William Fielding　183
オッフェ、クラウス　Offe, Claus　137-9
オバマ、バラク　Obama, Barack　101

カ行

カー、E・H　Carr, E. H.　19
ガダマー、ハンス　Gadamar, Hans　105
カッツ、エリフ　Katz, Elihu　40-2
カフカ、フランツ　Kafka, Franz　11
カレキ、マイケル　Kalecki, Michael　109
ガンディーニ、エリック　Gandini, Eric　163
カント、イマヌエル　Kant, Immanuel　74, 85
ギデンズ、アンソニー　Giddens, Anthony　44
ギリダラダス、アナンド　Giridharadas, Anand　59
クーパー、ウィルソン　Cooper, Wilson　159, 161
グラムシ、アントニオ　Gramsi, Antonio　66

クレー、パウル　Klee, Paul　8-9
ゲイ、ロクサーヌ　Gay, Roxane　169
ゲルナー、アーネスト　Gellner, Ernest　18, 78-9, 94-5
コーエン、スタンリー　Cohen, Stanley　55
コーエン、ロジャー　Cohen, Roger　101
コステロ、ジェーン　Costello, Jane　136
ゴッフマン、アーヴィン　Goffman, Irvin　25
ゴルツ、アンドレ　Gorz, André　131

サ行

サエズ、エマニュエル　Saez, Emmanuel　125
ザッカーバーグ、マーク　Zuckerberg, Mark　178
サッチャー、マーガレット　Satcher, Margaret　21, 111, 115, 197
ジャクソン、ジム　Jackson, Jim　145
シュトラウス、レオ　Strauss, Leo　29-30
シュナイダー、ティモシー　Snyder, Timothy　26, 28
シュワルツ、ネルソン・D　Schwartz, Nelson D　124-5, 127
ジョセフ、キース　Joseph, Keith　115
ジルー、ヘンリー　Giroux, Henry　31
シンケル、ヴィレム　Schinkel, Willem　50
ジンメル、ゲオルク　Simmel, Georg　40, 96
スパイサー、アンドレ　Spicer, André　154
スパイサー、セデルストルーム　Spicer, Cederström　154
スミス、アントニー・D　Smith, Anthony D　90
セリミ、トニー・ジェトン　Selimi, Tony Jeton　163-4
ソラナ、ハビエル　Solana, Javier　15

タ行

タルド、ガブリエル　Tarde, Gabriel　40-2
チャーチル、ウィンストン　Churchill, Winston　111
チェーホフ、アントン　Chekhov, Anton　37
デアンカ、セリア　de Anca, Celia　65-6
デイヴィース・ジェイムズ・C　Davies, James C　119
ディクター、アレックス　Dichter, Alex　127
ディズレーリ、ベンジャミン　Disraeli, Benjamin　108-9
ディブディン、マイケル　Dibdin, Michael　190
テイラー、フレデリック　Taylor, Frederic　70
デマルティーニ、ジョン　Demartini, John　163
デュルケーム、エミール　Durkheim, Émile　111-2
デラーノ、エヴァ　Delano, Eva　162

デリダ、ジャック　Derrida, Jacques　18, 46
テンニース、フェルディナント　Tönnies, Ferdinand　174
トウェイン、マーク　Twain, Mark　188
ドーソン、テッド　Dawson, Ted　162
ド・トクヴィル、アレクシ　de Tocqueville, Alexis　117-8
ドラッカー、ピーター　Drucker, Peter　21
トランプ、ドナルド　Trump, Donald　86
トンプソン、ジョン・B　Thompson, John B　42-4

ナ行

ナッケ、パウル　Näcke, Paul　152
ニーチェ、フリードリッヒ　Nietzsche, Friedrich　83-4
ニキチン、ヴァディム　Nikitin, Vadim　87
ニュルンバーグ、ジェフリー　Nurnberg, Geoffrey　83

ハ行

パーキン、フランク　Parkin, Frank　115
バース、フレドリク　Barth, Fredrik　90-2
ハースト、ウィリアム・ランドルフ　Hearst, William Randolph　27
バーバー、ベンジャミン　Barber, Benjamin　35, 188
ハーバーマス、ユルゲン　Habermas, Jürgen　110
バーリン、アイザイア　Berlin, Isaiah　68, 136
ハイエク、フリードリッヒ　Hayek, Friedrich　115
ハイト、ジョナサン　Haidt, Jonathan　179
ハイルブローナー、ロバート　Heilbroner, Robert　115
バウアー、オットー　Bauer, Otto　95
ハモ、レファアイ　Hamo, Refaai　101
バリエントス、アーマンド　Barrientos, Armando　136
ハルム、デイヴィッド　Hulme, David　136
ハンチントン、サミュエル　Huntington, Samuel　189-93, 195
プール、スティーヴン　Poole, Steven　154
フォード、ヘンリー　Ford, Henry　70
フォン・ランケ、レオポルト　von Ranke, Leopold　18, 82
フランクリン、キャロル　Franklin, Carol　162
フランシスコ法王　Pope Francis　193, 195-6
フリードマン、ミルトン　Friedman, Milton　115
ブルーニ、フランク　Bruni, Frank　59, 177-9
ブルックス、デイヴィッド　Brooks, David　59-61
フレイザー、ジェイムズ・ジョージ　Fraser, James George　123
フレイザー、スティーブ　Fraser, Steve　143, 145, 147

プレイジ、ハーマン　Pleij, Herman　171
ブレグマン、ルトガー　Bregman, Rutger　13, 134-6, 153
フロイト、ジークムント　Freud, Sigmund　17-8
ブローダー、メリッサ　Broder, Melissa　168-71
ベヴァリッジ、ウィリアム　Beveridge, William　129-30
ベック、ウルリッヒ　Beck, Ulrich　21, 102, 182, 189
ベンヤミン、ヴァルター　Benjamin, Walter　8-9
ボイム、スヴェトラーナ　Boym, Svetlana　9-11, 18
ホックシールド、アーリー・ラッセル　Hoshschild, Arlie Russel　160
ボッシ、ウンベルト　Bossi, Umberto　190
ホッブズ、トマス　Hobbes, Thomas　24, 26, 30, 32-4, 46, 58, 62, 111, 158, 179, 196
ホブズボーム、エリック　Hobsbawm, Eric　91-2, 95
ボルタンスキー、リュック　Boltanski, Luc　66
ホワイトヘッド、アルフレッド・ノース　Whitehead, Alfred North　28

マ行

マートン、ロバート・K　Merton, Robert K　116, 146
マルクス、カール　Marx, Karl　30, 71-2, 99, 183
ミード、ジョージ・ハーバート　Mead, George Herbert　123, 173
ミラノヴィッチ、ブランコ　Milanovic, Branko　112
ムーア、バリントン　Moore, Barrington　116
ムチュラー、マックス・M　Mutchler, Max M.　32-3
メイソン、ポール　Mason, Paul　52, 131
モア、トマス　More, Thomas　12, 17

ヤ行

ヤング、ジョック　Young, Jock　48-9

ラ行

ラヴェントス、ダニエル　Raventós, Daniel　129-31
ラッシュ、クリストファー　Lasch, Christopher　148-9, 151
ラトゥール、ブルーノ　Latour, Bruno　41
ラプトン、デボラ　Lupton, Deborah　176
ランシマン、ウォルター・ガリソン　Runciman, Walter Garrison　116-8
ランド、アイン　Rand, Ayn　155-8
リースマン、レナード　Riesmann, Leonard　118
リッツァー、ジョージ　Ritzer, George　56
レイコフ、ジョージ　Lakoff, George　83-4, 88
レヴィナス、エマニュエル　Lévinas, Emmanuel　100

レーガン、ロナルド　Reagan, Ronald　111, 115
ロウルズ、ジョン　Rawls, John　136
ローウェンタール、デイヴィッド　Rowenthal David　73-5
ローゼンブリット、メンデル　Rozenblit, Mendel　67
ロットマン、ユーリ　Lotman, Yuri　38
ロドリック、ダニ　Rodric, Dani　86-7

ワ行

ワイルド、オスカー　Wilde, Oscar　12

退行の時代を生きる
人びとはなぜレトロトピアに魅せられるのか

2018 年 10 月 30 日　第 1 刷印刷
2018 年 11 月 15 日　第 1 刷発行

著者――ジグムント・バウマン
訳者――伊藤茂

発行人――清水一人
発行所――青土社

〒 101-0051　東京都千代田区神田神保町 1-29　市瀬ビル
［電話］03-3291-9831（編集）　03-3294-7829（営業）
［振替］00190-7-192955

印刷・製本――シナノ印刷

装幀――竹中尚史

Printed in Japan
ISBN978-4-7917-7113-4　C0030